《老重庆影像志》

老风尚

与华盛顿、伦敦、莫斯科齐名的重庆，由一个古老的商埠，一跃成为二战名城、远东战区指挥中心，繁华逾昔。

巴渝文化支撑着被两江环抱的山城，"欧风美雨"为这座城市带来了摩登元素。翻开褪色的老照片，战时重庆的社会百态映入眼帘，山城人民坚韧的特质被深深地印刻在这块土地上，人们在弥漫的硝烟中诠释着生命的意义。

徐　康　编著

重庆出版集团　重庆出版社

图书在版编目（CIP）数据

老风尚／徐康编著．—重庆：重庆出版社，2013.6
（老重庆影像志／王川平主编）
ISBN 978-7-229-06522-5

Ⅰ．①老… Ⅱ．①徐… Ⅲ．①社会生活-史料-重庆市-图集 Ⅳ．① K297.19-64

中国版本图书馆 CIP 数据核字（2013）第 103888 号

老风尚
LAO FENGSHANG

丛书主编	王川平
丛书副主编	邵康庆　刘豫川
编　　著	徐康
资料提供	重庆图书馆　邓晓笳　士伏　杨绍全

策　　划	郭宜　邓士伏
责任编辑	邓士伏　夏添
封面设计	郭宜　刘洋
版式设计	邓士伏　夏添
责任校对	廖应碧
电脑制作	陈磊

重庆出版集团 出版
重庆出版社

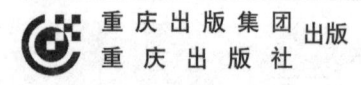

重庆市南岸区南滨路 162 号 1 幢　邮政编码：400061　http://www.cqph.com
重庆市开源印务有限公司印制
重庆出版集团图书发行有限公司发行
E-MAIL: fxchu@cqph.com　邮购电话：023-61520646
全国新华书店经销

开本：787mm×1092mm　1/16　印张：10.5　字数：211 千
2007 年 11 月第 1 版　2018 年 11 月第 2 次印刷
印数：4001-6000
定价：27.00 元

如有印装质量问题，请向本集团图书发行有限公司调换：023-61520678

版权所有·侵权必究

目录

总 序	1
前 言	4
民俗·巴渝风	6
婚俗	6
春节	14
端午节	18
中秋	21
其他	24
饮食·百家味	49
川菜	49
火锅	52
小吃	54
外省名菜名点	58
冷饮	62
西餐 咖啡	64

娱乐·都市情		66
文化生活		66
传统娱乐		92
体育运动		100
休闲方式		105
洋节 洋酒		116
服饰·摩登潮		120
女装		120
男装		136
手杖		145
发型		147
饰品		152
结束语		158
后记		159

总序

《老重庆影像志》

王川平

等等方面，尤其是对老重庆的个性与嬗变、老重庆的灵性与魂魄、老重庆的根与源，力图以图文并茂的表述引起读者的注意，与读者作寻根之旅。本丛书的作者与编者，都是从事文物、图书、档案、出版、历史和文化研究等方面工作多年的优秀人选，既有丰富的实际经验，又有专门知识方面的学术积累，并尽可能在文字处理上通俗、生动、准确。丛书使用的两千多张历史照片，许多是第一次公开出版，足见其珍贵和罕见。

重庆是一座具有世界历史与文化价值的城市，对于这一点，笔者在主编该丛书及撰写《老房子》的过程中坚信不移。这不是直辖后的文化自大，而是遵循"实史求是"的原则准确对待重庆历史得出的结论，是依据古为今用的原则建设重庆新文化的需要。可惜的是我们总以为自己的文化家底不够厚，其实是我们现时的努力离目标还有较大的距离。令人高兴的是直辖之初，笔者提出把重庆建设成为与长江上游经济中心相适应的文化中心的文化建设远期目标，已经为越来越多的市民所接受，正在成为这座城市的规划和行动。从这个意义上说，《老重庆影像志》丛书的出版，确实是一件可喜可贺可敬之事。

看着这座古老的城市慢慢长大

尽管重庆直辖才十年，但它却很古老；尽管重庆正以惊世的速度在长高、长壮，但它曾经十分古朴而低矮；尽管重庆一天天在变得靓艳，但它灰蒙蒙而沉甸甸的底色仍存留在记忆之中。当楼房的样式和市民的生活越来越趋于类似的时候，这座城市的文化性格与城市品质就变得像空气和水一样重要和宝贵。

历史与现实就是这样复杂，这样磕磕碰碰。重庆的文化人一方面惊讶于这座城市成长的速度，一方面惊讶于在此速度拉动下消逝了的那些值得保留的东西。这种惊讶同样是复杂和美好的，因为他们不因惊讶而停住手脚，停止思考与行动。眼前这套《老重庆影像志》丛书就是他们这种努力的一部分。

《老重庆影像志》丛书共十本，分别是《老城门》、《老房子》、《老街巷》、《老码头》、《老地图》、《老广告》、《老档案》、《老行当》、《老风尚》和《老钱票》。它们从不同的视角，管窥这座城市的昨天，内容涉及市政变迁、政治演变、经济发展、市井生活、文脉流转传承

前言 老风尚

"大小餐馆四百家，天下名厨集重庆。"战时重庆是名闻全国的美食城，西餐、川菜、粤菜、江浙菜、湘菜、豫菜……令食客大饱口福，全城各大名餐馆宾客盈门，热闹非凡。遍布大街小巷和码头河坝的小吃摊，以及灯火通明的夜市好吃街，以各具特色、物美价廉的小吃吸引着百姓，成为重庆一道独特的风景。饮食业既是"陪都"最大的行业，也是"陪都"最走俏的行业。"前方吃紧，后方紧吃"，山南海北的人喜欢在有滋有味的"吃"中，享受生活韵味，感受生活魅力。

"陪都"具有浓郁的都市情调。影剧院、舞厅、音乐会、溜冰场、网球场、高尔夫球场……扑鼻而来的十里洋场气息，令市民陶醉；戏曲、茶馆、麻将、杂耍……这些熟悉的传统娱乐像一个巨大的磁场，吸引着无数国人。敌机轰炸之后，"欧风美雨"照样吹拂，异国情调为这座美丽的城市带来了摩登元素，被誉为"国粹"的传统节目更是无处不在，装点着这个被两江环抱的山城。

站在"陪都"街头，经常会看到头戴礼帽、手握乌漆刻字手杖，身穿做工考究的长衫、中

1937年"七七事变"，中国抗日战争全面爆发，11月20日，在南京的国民政府发布《国民政府移驻重庆宣言》，重庆代替南京成为中国的战时首都；1940年9月6日所发布的《国民政府令》，明定重庆为永久"陪都"，这一历史地位至新中国成立，方告结束。作为战时首都的重庆，与伦敦、华盛顿、莫斯科齐名，并列于全世界所有报纸的头版。重庆由一个古老的商埠，一跃成为现代大都市，繁华逾昔。在大街小巷，不仅有西洋楼房，也有重庆民居；我们不仅能听到重庆旧土腔"啥子"、"要不得"，也能听到湖北"你家"、河北"您呀"、上海"阿拉"、苏州"侬"……在这里，巴渝文化与外来文化碰撞融合，形成了独具特色的"陪都"文化。

虽然欧美情调弥漫着这个大都市，但民俗风情在这里依然呈现出强大的生命力，西方文化的渗透并未动摇传统文化的根基。春节是一年中最热闹的节日；端午节透出浓浓的传统文化气息；中秋节充满团圆的气氛和思乡的情绪。在这些传统节日里，人们脸上洋溢着笑容，这个现代大都市充溢着浓厚的传统文化气氛，是一座十足的中国式城市。

山装、西装的男士；烫着时髦卷发，穿着裁剪合身的旗袍，外套一件小洋装，肩挎小坤包的雍容华丽的贵妇人更是令人驻足凝视。重庆街头这个巨大的T型台，折射出五彩斑斓的服饰潮流，这块流行服饰的调色板，被色彩鲜艳、款式新潮的各式服装覆盖，单调的青蓝布衫失去了往昔的魅力，退出了占据已久的主色调。

翻开褪色的老照片，我们的文化记忆被定格在那段让重庆声名远播的岁月，老重庆的传统及时尚影像令我们眼花缭乱、回味无穷。

民俗·巴渝风

婚俗

当时代进入到20世纪，在许多受传统文化影响较深的普通家庭中，婚礼依然延续传统的中式婚俗如哭嫁、背嫁、送嫁、迎亲、拜堂、入洞房、闹洞房等。新娘出嫁要乘大花轿，迎亲花轿外形像亭子，外罩喜幛，绣有"麒麟送子"、"龙凤呈祥"、"八仙过海"等充满美好祝福的图案，并在四角镶有绸缎扎的大红花。迎亲乐队以大锣、唢呐为主。在喜庆热闹的唢呐和鞭炮声中，迎亲队伍接上新娘起轿出发。彩旗、彩伞、装有陪奁的抬盒在迎亲队伍前方开道，喜气洋洋地往夫家赶。新郎头戴插上金花的宽沿呢帽，穿长衫马褂，披十字交叉的彩绸；新娘头戴凤冠，穿大红衣裙、

庆民间的大花轿

中国的传统婚俗——迎亲（高龙生漫画《红与白在农村》）

中国的传统婚俗——拜堂成亲（高龙生漫画《红与白在农村》）

照片上方题字：亮安芳莲结婚纪念摄於戰時首都 廿七年七月十七日

从这幅摄于1927年的结婚照中，可以感受到西式婚礼的时尚气息，新郎穿西服，新娘披婚纱，并有提篮牵纱的花童和男女傧相，这是典型的西式婚礼场面

红色绣花鞋。新郎掀开新娘的红盖头后拜堂成亲，送入洞房。烦琐的仪式结束后，喜筵开席。传统婚俗虽然隆重喜庆，但繁文缛节颇多，过于铺张，因此，简单时尚的新式婚礼更受都市青年欢迎。

　　留洋回国和受西方文化影响较深的年轻人，崇尚西方文明，以穿西装、披婚纱，在教堂举行婚礼为时尚。伴着婚礼进行曲，新娘在父亲的陪伴下步入神圣的殿堂，由父亲交给等候在殿堂前方的新郎。婚礼由牧师主持，气氛庄严，新郎新娘在神的见证下宣誓，并互换结婚戒指，互换戒指仪式将婚礼的气氛推向高潮。按中国的习俗，戒指仅为装饰品；而西方用钻石戒指代表爱情，他们认为钻石蕴藏着神秘的爱情之火，将其带在左手中指，爱情的气脉从中指直通心房，可以保持爱情不从指尖逸出。因此，新郎新娘交换结婚戒指，蕴涵着他们渴求亘古不变的纯洁爱情的心愿。有的豪华婚礼，租有漂亮的洋车，并在洋车上装饰有喜庆的花篮，新郎新娘坐在洋车上招摇过市，为婚礼带来一丝浪漫、一份奢侈。

　　受西式婚礼的影响，追逐时尚的年轻人大胆地将这两种婚礼"中西合璧"，省去了传统婚俗的繁文缛节，婚礼仪式设有主持人、主婚人、证婚人，新郎新娘穿中山装配旗袍，或穿西装配婚纱，在礼堂举行婚礼。仪式结束后，拍下结

陪都具有浓郁的都市情怀。影剧院、舞厅、音乐会、溜冰场、跑马场、高尔夫球场、台球场、戏院、茶馆、麻将、杂耍……朴素而来的"十里洋场"气息令山城陶醉，戏曲这些熟悉的传统娱乐

老风尚

老风尚

1947年，在南京举行的集体婚礼现场。此次典礼打破了全国纪录，有二百五十对新婚夫妇参加，其中大多是从渝返回南京的公务员

1947年"陪都"婚礼服务社广告

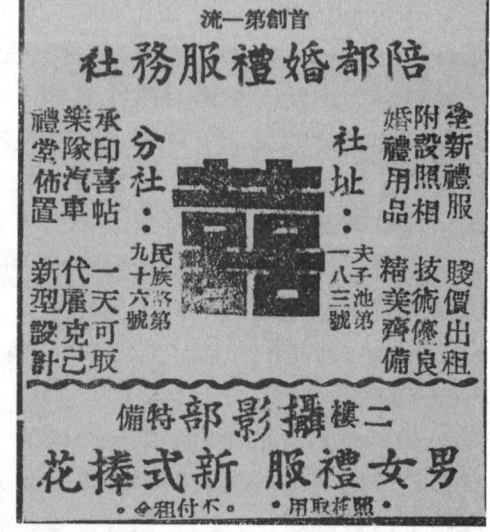

1949年的结婚喜帖广告

陪都具有浓郁的都市情怀。影剧院、舞厅、音乐会、溜冰场、网球场、高尔夫球场……"十里洋场气息浓郁"的陶醉、戏曲、茶馆、麻将、杂耍……这些熟悉的传统娱乐

国难时期，为爱情留下永恒的记忆

1947年"陪都"婚礼服务社广告

婚照作为永久的纪念。这种中西合璧的仪式为婚礼增添了一分异域魅力，在"陪都"最为流行，既显时尚，又不铺张浪费。大多公教人员选择这种新式婚礼。婚礼社也应运而生，准备精美的喜帖，出租精致的结婚礼服，负责婚礼仪式，拍摄黑白或着色的结婚照。

重庆新生活运动促进会从1939年开始，组织集体婚礼。1939年2月19日，由重庆新运会主办的"陪都"第一届集体婚礼，在市商会大礼堂举行。商会礼堂布置得非常喜庆，台上霓虹灯装饰的大红"囍"字，在正中照耀着，桌上花烛高烧，排列着对对婚书，来宾早已坐满。十六对新人入场，排列在台前。新郎身穿藏青色中山服，新娘穿统一订做的蓝底印花长旗袍，带白手套，捧鲜花。婚礼开始，励志乐队奏乐，音乐台上高歌婚礼进行曲，证婚人证婚、发婚书，夫妻相向行礼，挽臂出场。最后，夫妻成双齐集大礼堂外，排立于阶前照相。婚礼既时尚隆重，又经济节约，令新婚夫妇喜上眉梢。1939年，新运会主办了九届集体婚礼，响应者众，随后的集体婚礼长盛不衰，为"陪都"披上了一件喜庆的外衣。

1945年1月14日，诗人姚奔在抗建堂"中制"礼堂举行了一场特别的婚礼。婚礼在"音乐会"中进行，悦耳的音乐从钢琴琴键上缓缓流泻，新娘独唱新郎特为她而作的清歌八阕，博得了热烈的掌声。音乐能渗透人的灵魂，与心灵对话。这场用音乐调制的婚礼，在心灵的碰撞中，完成了圣洁的爱情宣言，也感染了每一位祝福者。

烽火岁月，虽然世事难料，个人命运无法把握，但人们对于婚姻大事，非常看重，他们通过隆重的仪式表达自己对人生的热爱，对幸福生活的渴求。

老风尚

陪都具有浓都的都市情怀。影剧院、舞厅、音乐会、溜冰场、网球场、高尔夫球场……"扑鼻而来"的十里洋场气息令人陶醉。戏曲、茶馆、麻将、杂耍……这些熟悉的传统娱乐

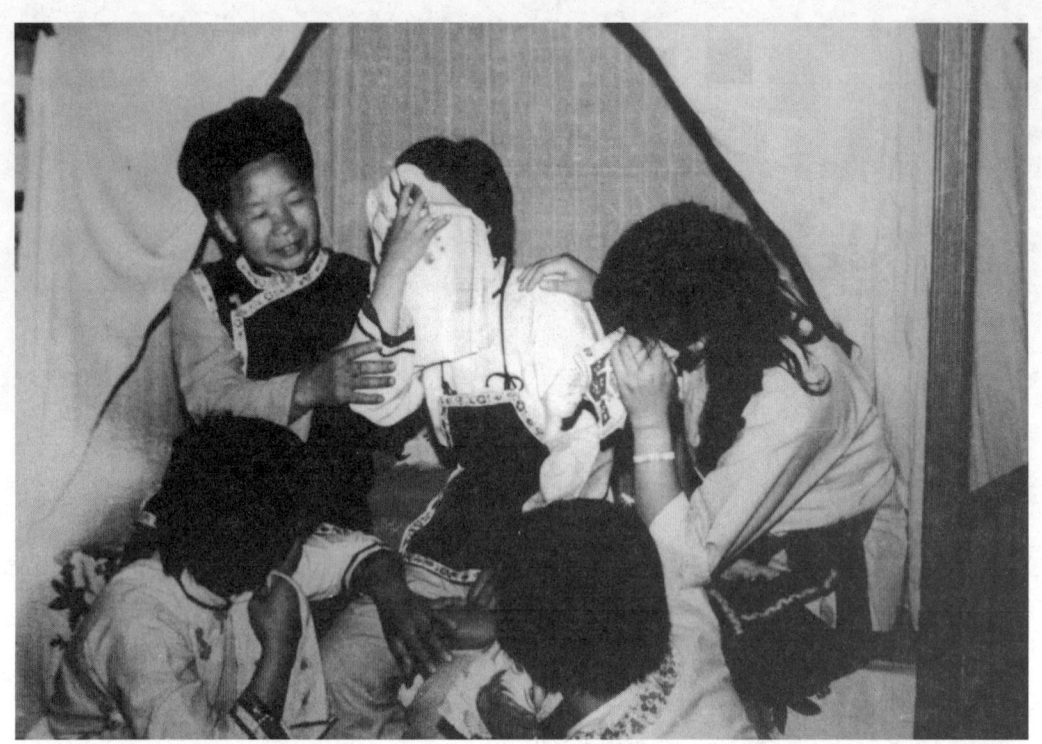

土家族婚俗——哭嫁

土家族婚俗——背嫁

10

陪都具有浓郁的都市情怀。影剧院、舞厅、音乐会、溜冰场、高尔夫球场……朴鼻而来的十里洋场气息令市海辞场戏曲茶馆麻将九杂耍……这些熟悉的传统娱乐

重庆不少地区的乡村在举行婚礼的时候还延续了旧时的习俗。图中新郎用最古老的婚俗方式迎娶新娘,其所使用的迎娶工具也是最古老的

老风尚

20世纪30年代的新式婚礼

重庆新生活运动促进会掀起的集体婚礼之风吹到了上海。1946年,新生活运动促进会在上海励志社举行集体婚礼

老风尚

陪都具有浓郁的都市情怀。影剧院、舞厅、音乐会、溜冰场、网球场、高尔夫球场、朴鼻而来的"十里洋场气息"、陶醉、戏曲、茶馆、麻将、杂耍……这些熟悉的传统娱乐

陪都具有浓郁的都市情怀。影剧院、舞厅、音乐会、溜冰场、高尔夫球场……朴鼻而来的十里洋场气息令陪都辞戏曲、茶馆、麻将、杂耍……这些熟悉的传统娱乐

集体婚礼为"陪都"披上了喜庆的外衣

"红色"的喜悦，幸福的时刻

春节

贴春联之习俗，源自悬挂桃符辟邪，表达对新年的祝福之情，烘托春节的喜庆气氛。战时，于佑任、冯玉祥、梁寒操撰写的抗战春联，由军委政治部印赠一万份，由上海童子军理事会及重庆市童子军理事会负责派遣童子军沿街分送。内容有于佑任的"百战山河壮，在国岁月新"、"以全民力量，获万世太平"；冯玉祥的"中英美苏同伐侵略，欧美非亚共致承平"、"众志成城，群策群力"；梁寒操的"拓开新世界，整顿旧山河"等。抗战春联激起重庆百姓的爱国热情，新年愿望在民族情怀中获得升华。1946年春节，是抗战以来的第一个和平年，公教人员们聚在一起庆贺新禧，以传统方式——对春联，表达过和平年的喜悦气氛。"以前乱糟糟事情，过年都收拾干净；此后新簇簇日子，大家要格外和平。""上上下下，男男女女，老老少少，都添一岁；家家户户，说说笑笑，欢欢喜喜，各过新年。""放一夜花炮，轰出新年，闹闹热热，大家想过好日子；闭两扇大门，请进喜神，齐齐整整，小孩预备出风头。""地球公转一大周，祝自今传布文化，东西同心，先促进民主大政；民国成立卅五载，愿此后解除武装，国共携手，共欢迎和平之神。"春联将美好的祝愿洒向两江，洒向楼阁，洒向乡野……

华夏民族在远古时代，已知守望，门前派有守卫者；到战国时，有用桃木削刻成人形的"桃梗"，以御邪鬼；至汉代，则画神荼、郁垒二神像于门上；现在，老百姓门上贴的门神大多是用纸以

1939年，为庆祝新年，重庆市民夜晚举行火炬巡行

老重庆过年习俗：吃年饭

木刻印成的尉迟恭、秦叔宝的彩色画像，红红绿绿的门神既可御鬼，又为过年增添热闹的气氛。抗战时期，"陪都"街头巷尾出现了许多新门神，刺激着这座城市的神经系统。文艺界的大众化运动，在重庆的艺术家们利用门神年画的形式绘制的宣传画，既可驱灾，又能作为艺术作品欣赏，深得市民喜爱。1945年春节，中山路美国新闻处一带的街面，家家户户门上都贴着一对新门神。新门神用道林纸，以三版色印制而成，非常漂亮，每幅一尺长，五寸宽，粗硬的木刻最能表现抗战的新精神。右面的门神是美国空军形象，左面是中国大兵。美国空军头戴航空帽，肩配飞虎章，背后衬托着美国星条旗；中国大兵手执佩刀，胸插手榴弹，背后是青天白日旗。这两个门神都是肩挂来福枪，脚踏日本鬼，挥拳斥指，两目威光可以镇邪去凶。并在"恭贺新禧"四字下加上醒目的注释："旧时的门神已经疲倦地睡着了，日本鬼子的恐怖侵入了千百万中国人的家，旧门神已经挡不住了。这个新的青年战士，这个美国战斗机驾驶员，有地面上中国军队英勇的帮助，他的精神就会保住你们全家老小的平安。可是他和他的战友们还需要我们的援助。在他们受伤，迷失路径或饥饿时，他们就需要你们的安慰和友情了，援助他，他们是替你们打仗的。"另外还有几行小字是："沦陷区的中国盟友注意，请不要把这张门神放在让人看见的地方，日本人看见了就会凶狠地对付

你们。"这是盟友从西北农村带回重庆的门神画片，通过精致翻印，被贴在许多市民家门前，既为喧嚣的重庆街头增添一丝新意，也是烽火岁月中人们渴望和平的见证。

过春节，人们要在门前檐下挂一盏檐灯。灯架漆黑色，糊纸用红色，灯内做有架子可以点放菜油灯。除夕夜开始点灯，以后每晚点照至十五日晚为止。天上的繁星和山城高高低低的彩灯，上下相映，江水里，倒映出几十万只光芒四射的彩灯。奇妙的景观，点缀着热闹的山城，璀璨的夜景使山城更加夺目耀眼。

为庆祝春节，"陪都"家家户户都在门上贴春联、门神，表达对新年的祝福之情，祈求来年生活平安。热闹的重庆街头，火龙和狮子在喧天的锣鼓声中飞舞，火炮的震响惊天动地，其发射的美丽火焰划破了夜空，大红灯笼高高挂起……古老的仪式使除夕成为不眠之夜，人们在欢腾的气氛中，聆听新年的步伐，呼吸生命的气息。

1939年，市民大游行，庆祝新年

1939年，重庆庆祝新年，举行火炬大巡礼：以大炮保卫我们的和平与自由

老风尚

陪都具有浓郁的都市情怀，影剧院、舞厅、音乐会、溜冰场、网球场、高尔夫球场、朴鼻而来的十里洋场气息合着陶醉、戏曲、茶馆、麻将、杂耍……这些熟悉的传统娱乐

陪都具有浓郁的都市情怀。影剧院、舞厅、音乐会、溜冰场、篮球场、高尔夫球场、十里洋场气息扑鼻而来的这些熟悉的传统娱乐场、麻将、杂耍……辞戏曲、茶馆、

1945年春节，上清寺中山路美国新闻处一带的街面，家家户户门上都贴着这对新门神。新门神——中国大兵和美国空军是人们渴望和平的见证

1941年春节，山城错落有致的灯光倒映在江水中，使山城夜景分外璀璨夺目

老风尚

端午节

端午节，江上彩船竞渡，街上粽子畅销。人们忙着挂菖蒲，悬艾叶，办酒席，送节礼……虽然是国难时期，人们对于过节的兴致，依然不减。这幅欢娱的市井风俗画，为现代大都市抹上了一层民族文化的色彩。

巴人的端午龙舟赛在农历五月初五这一天举行，场面十分热闹壮观，是端午节最隆重的仪式。1938年6月，南岸温泉乡举行龙舟竞渡，沿岸上万乡民拥挤着看龙舟赛，有山歌队及农歌队为比赛助兴，一派热闹的景象。端午节，弹子石、海棠溪、黄沙溪码头也常有彩船竞赛，沿江两岸聚集了许多围观者，直至傍晚，彩船才散去。

在战时"陪都"，能尝到来自南北各地不同风味的粽子

1945年6月15日，沿临江门至朝天门一带的码头几乎吸引了半个山城的市民。两座赛船司令台停在江心，相距约二里，中间有许多装饰漂亮的游船，有钱人用五千元的价格包下豪华船，携妻眷宴游，有的则凑三四百元合包一艘游船。那些豪华游船均悬彩挂红，与龙舟竞美。水上有警用船五艘，随时作巡察之用。小轮船上的盟军代表也颇有兴致地欣赏盛况。四十余艘龙舟齐集在临江门司令台，狭窄的龙舟，被装扮一新，龙头龙尾生气十足，青龙、红龙、黄龙、白龙……令人目不暇接。选手们身着整齐的服装，踩头的作指挥，摇旗的在船中心一左一右，配合着鼓声，掌控选手们划桨的节奏。四点半，鞭炮和锣鼓齐喧，竞赛开始，龙舟快速地向朝天门方向驶去。在汹涌的波涛间，划子整齐地一起一落，吆喝声穿透云雾。最后红龙战胜黄龙，抢得了司令台上的红旗。虽然不能辨别锦标谁属，但精彩的龙舟竞赛感染了两岸观众，人

划龙船横渡嘉陵江的比赛场面

赛龙舟

1940年6月9日端午节，"重庆市各界水上运动大会"在牛角沱江面举行。图为沿江两岸观众踊跃观看龙舟比赛

们都沉浸在欢乐的节日气氛中。江面翻滚沸腾，两岸人山人海，龙舟竞赛的后面，承传着我们祭祀水神、悼念屈原的文化渊源，国人对赛龙舟的狂热是民族灵魂的集体意识显现。

抗战时期，全国各地的人们汇集重庆，因此每逢端午节，人们能品尝到来自南北各地不同风味的鲜粽子。本地粽子，用彩线包扎，咸的有火腿、卤肉，鲜美无比；甜的有枣泥、豆沙，香甜可口。最有特色的是广东粽子，外形别致，像一个方形枕头，比北方粽子大三四倍，其馅非常丰富，不仅有普通的枣泥豆沙，还有莲蓉、椰子、蛋黄，蛋黄粽子里面包有鸭蛋黄、卤肉、小豆和江米，吃起来别有一番滋味。苏州淡粽，不用箬叶包裹，而用洁白的夏布代替，缝成筒形圆口袋，将白糯米装在里面，用水煮熟后，将粽子抖出，切成圆形薄片，用薄荷叶粉、玫瑰花末、桂花酱、松子、胡桃、南枣末、白糖及玫瑰酱等掺拌而嚼食，轻妙凉爽的感觉，令人回味无穷。端午以粽子投入水中，祭奠屈原，这种纪念仪式经过漫长的历史衍变，粽子已失去了祭祀意义，人

从这幅摄于1907年的老照片可以看出，每当逢年过节，大碗酒、大碗肉请客吃饭是重庆人的一大习俗

们围在一起吃粽子，只是热闹喜庆的节日项目。端午会餐，除了吃粽子、盐蛋外，大人们还要饮少量的雄黄酒，并用雄黄酒的沉淀涂在小孩的脸上，意在避瘟驱邪。

传说端午以蒲为剑，以艾为虎，可以祛毒气，镇邪气。家家户户忙着采撷菖蒲和艾叶，或挂在门楣用以驱邪，或熬成汤汁沐浴用以除病，这一传统成为老重庆人生活中必不可少的习俗。

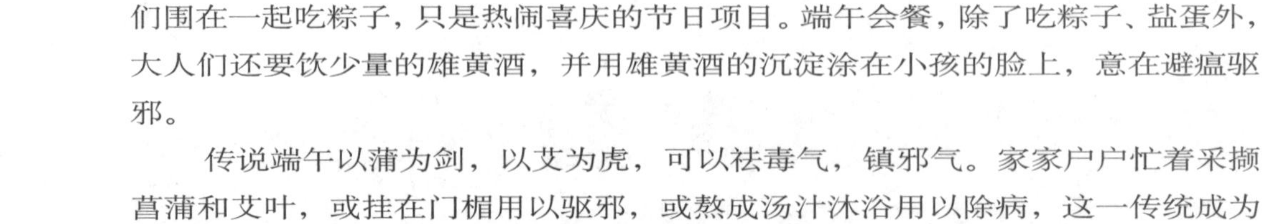

1949年，端午粽子的联合广告

中秋

中秋节是中华民族的传统节日。夜幕降临，山城重庆，家家户户在门前或天井中设案，以月饼、糍粑、橘灯、橙香祭月。

住在"陪都"，年年吃着各式各样的月饼。豆沙、豆莲、莲蓉、枣泥、五仁、蛋黄、火腿、金钩……令人馋涎欲滴。月饼随处可见，不仅糖食店、饼作坊有售，和平隧道、码头上的饼摊子，一些纸烟店、电料行及小商店，也有卖的。重庆人对月饼情有独钟，工薪阶层的老百姓，徘徊在冠生园窗前不愿离去，但摸摸口袋只能望饼兴

抗战胜利后的小什字街，在中秋节期间，月饼店生意都非常红火

叹，转向饼摊子买几个小月饼，与家人聚在月下共同分享。1947年，一个小而薄的苏式或川式月饼，价值千元左右；小如匙碟的广式月饼，每个至少五六千元。汉宫玻橱里陈列了一个"群星拱月"的大月饼，是"陪都"最有名的冠生园食品公司出品的，吸引了许多观看者。当年最大的月饼重约五十斤，有精美的玻璃盒包装，价值十二万元，是最气派的中秋礼品。广式月饼的制作工艺比苏式

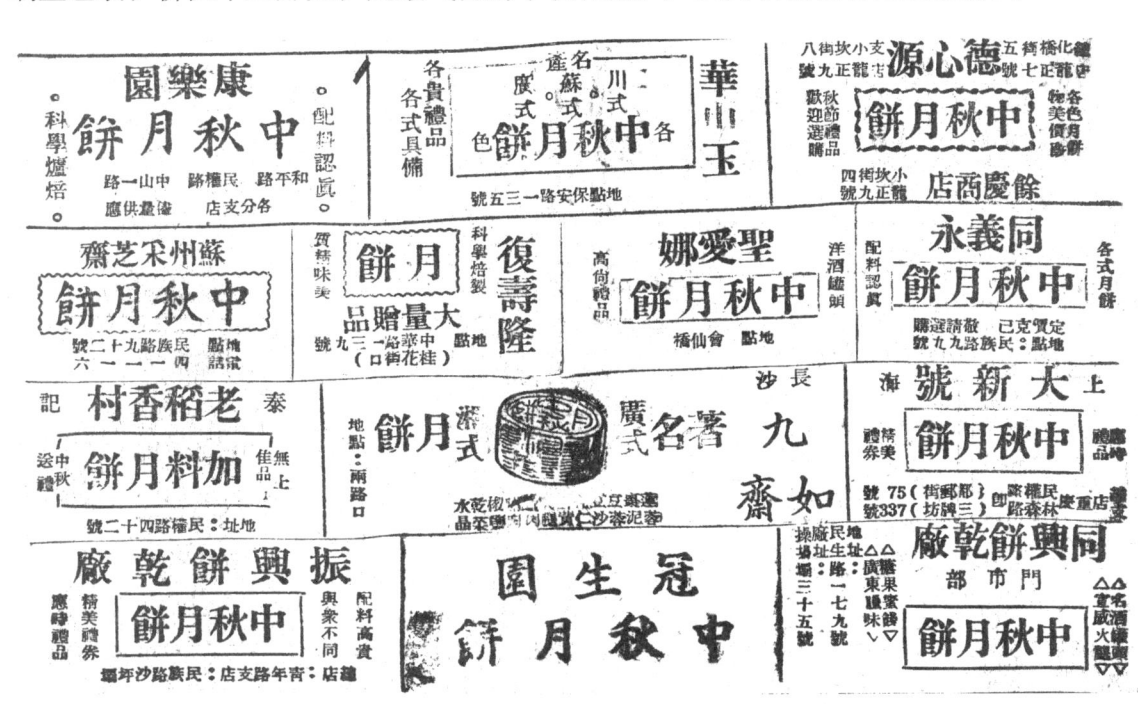

1947年中秋月饼联合广告

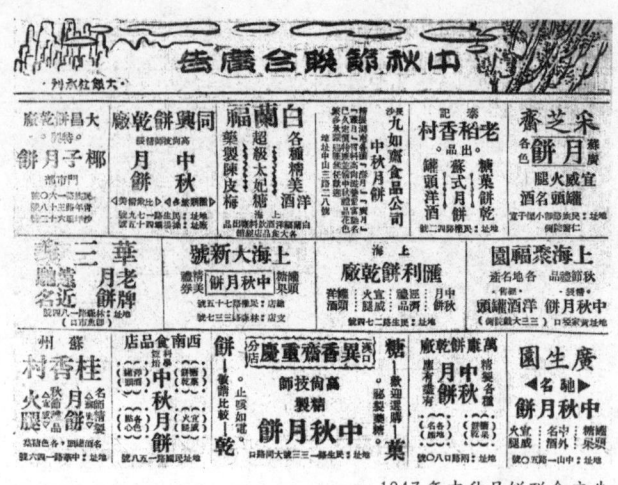

1947年中秋月饼联合广告

1947年中秋，没有还乡的下江人，依旧徘徊在重庆街头，"每逢佳节倍思亲"正是他们此时的心灵写照

与川式月饼复杂，它的心子必须调配均匀，烘焙更费工夫。冠生园的月饼受人欢迎，就是因其做工考究，它聘有经验丰富的技师，任凭做若干个月饼，火候都是一样，绝找不出一个不熟，或是烧焦了壳的。冠生园制作月饼的规模相当大，除技师外，工人就有六十多人，每年在中秋前一个多月，就开始生产月饼。当人们在享受了豆沙的甜、蛋黄的鲜、火腿的咸后，举头望月，每每忆起嫦娥奔月的传说，思绪万千。

打糍粑，是中秋最热闹的场面，孩子们围成一圈，好奇地看着大人们忙碌的样子。他们将煮熟的糯米放在"对窝"里杵，一人用木杵舂，一人翻动，一下一下，直杵到糯米饭黏稠如泥状，挑起不断为止。糍粑打好后，将其做成圆饼状，放进装有黄豆粉、芝麻、花生、白糖的碗中蘸着吃，味道清香可口。

冰心的《小桔灯》描写的可爱的女孩和充满灵性的橘灯深深地吸引了我。在山城，中秋有一个特殊的仪式，即点橘灯。人们将橘子内核挖空，放入小红烛，点燃后悬在门前，与苍穹的圆月对映。神奇的橘灯点缀在夜色长空里，为每一位身在异乡的亲人带去美好的祝愿。

插橙香是孩子们最开心的时刻，他们在整个橙子上插满神香，用竹杆作柄，燃香供在门前或祭月案上。仪式结束后，孩子们取下橙香，自由地挥舞香球，追逐着，嬉戏着……黑夜中，只看见许多小亮点闪烁在山城的每一个角落，为每一个家庭带去欢乐和祝福。

中秋拜月、赏月的习俗由来已久。月饼、糍粑、橘灯、橙香象征团圆，幸福美满，亲人们围坐在院坝，品月饼，赏明月，享受团圆和欢乐的幸福时光。诗人们对月咏诗，抒发情感；钢琴家在月光下奏响贝多芬的《月光曲》，用音乐与明月对话，显得高雅而超俗。漂泊异乡的游子呢？"每逢佳节倍思亲"，他们触景生情，怀乡、思亲之情涌上心头。他们渴盼着与亲人团聚的日子早日到来。

陪都具有浓郁的都市情怀。影剧院、舞厅、音乐会、溜冰场、高尔夫球场……,扑鼻而来的十里洋场气息令陪都辟戏曲茶馆麻将、杂耍……这些熟悉的传统娱乐

老风尚

抗战胜利,中秋之际,更勾起人们的思乡之情,许多下江人忙着返乡与亲人团聚。图为梅健鹰的木刻作品《乡愁》

其他

设于街头的竹器市场

竹编

老风尚

陪都具有浓郁的都市情怀。影剧院、舞厅、音乐会、溜冰场、网球场、高尔夫球场、扑鼻而来的十里洋场气息，陶醉戏曲、茶馆、麻将、杂耍……这些熟悉的传统娱乐陪都具有浓郁的都市情怀。影剧院、舞厅、音乐会、溜冰场、台球场、高尔夫球场……朴素而来的十里洋场气息令由海辞残戏曲、茶馆、麻将、杂耍……这些熟悉的传统娱乐

老风尚

竹器市场一派热闹的景象

老风尚

陪都具有浓都的都市情怀。影剧院、舞厅、音乐会、溜冰场、网球场、高尔夫球场……扑鼻而来的十里洋场气息，陶醉戏曲、茶馆、麻将、杂耍……这些熟悉的传统娱乐

手工牵梳次布

背着背篼赶场去

赶场归来

26

陪都具有浓都的都市情怀。影剧院、舞厅、音乐会、溜冰场、朴鼻而来的十里洋场气息令陪都球场、高尔夫球场、茶馆、麻将、杂耍……这些熟悉的传统娱乐陶醉。球场、戏曲、

乡间小商铺

农家一角

织布的妇女

老风尚

老风尚

陪都具有浓郁的都市情怀……，影剧院、舞厅、音乐会、溜冰场、网球场、高尔夫球场……，"扑鼻而来"的十里洋场气息，陶醉戏曲、茶馆、麻将、杂耍……这些熟悉的传统娱乐

大街上的滑竿

打钱纸

背夫

陪都具有浓郁的都市情怀。影剧院、舞厅、音乐会、溜冰场、高尔夫球场……朴鼻而来的"十里洋场气息令京剧、话剧、球场、戏曲、茶馆、麻将、杂耍……这些熟悉的传统娱乐

中央公园内的图书馆，共有座位145个

北碚图书馆

农家老腊肉

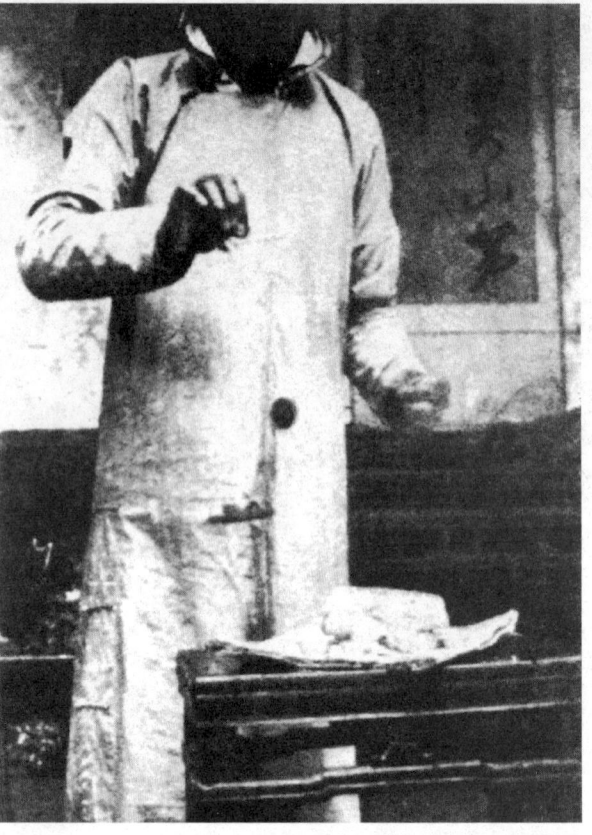

一家银行老板正在称银锭的重量

背着背架赶场去

乡坝里的老风车

老风尚

陪都具有浓郁的都市情怀，影剧院、舞厅、音乐会、溜冰场、网球场、高尔夫球场……扑鼻而来的十里洋场气息令人陶醉。戏曲、茶馆、麻将、杂耍……这些熟悉的传统娱乐

"开脸"——昔日的美容术。用两根线相互缠绕，绞去脸上的毫毛

磨米浆的老妪

菜市一角

老风尚

陪都具有浓郁的都市情怀，影剧院、舞厅、音乐会、溜冰场、网球场、高尔夫球场……，扑鼻而来的十里洋场气息令陶醉；戏曲、茶馆、麻将、杂耍……这些熟悉的传统娱乐

护卫德国驻渝总领馆的清军士兵

陪都具有浓郁的都市情怀。影剧院、舞厅、音乐会、溜冰场、海跑场、高尔夫球场……扑鼻而来的十里洋场气息令山城市民熟悉的陌生。娱乐京辞戏曲、茶馆、麻将、杂耍……

老风尚

在川江风雨中成长的孩子们

——— 百无聊赖的"丘八"

——— 1913年的民工

老风尚

陪都具有沧桑的都市情怀，"聚居院落厅堂音乐会、网球场、高尔夫球场……扑鼻而来"的十里洋场气息令大陶醉；戏曲、茶馆、麻将、杂耍……这些熟悉的传统娱乐陪都具有浓郁的都市情怀。影剧院、舞厅、音乐会、溜冰场、海滨球场、高尔夫球场……扑鼻而来的十里洋场气息令市民辞别戏曲、茶馆、麻将、杂耍……这些熟悉的传统娱乐

老风尚

民国初年的小康之家

皮影·青蟬　　　皮影·红蟬　　　皮影·白蟬

民间木雕·财神 　　　民间木雕·坐虎神

老风尚

陪都具有浓郁的都市情怀。影剧院、舞厅、音乐会、溜冰场、网球场、高尔夫球场……扑鼻而来的十里洋场气息令人陶醉。戏曲、茶馆、麻将、杂耍……这些熟悉的传统娱乐

36

昔日都市情怀。影剧院、舞厅、音乐会、溜冰场、高尔夫球场……朴素而来的十里洋场气息令都市都具有浓郁的人情味。扑面而来的十里洋场气息令都市浮词、戏曲茶馆、床将、杂耍……这些熟悉的传统娱乐

老风尚

传统的雕花床

老风尚

陪都具有浓都的都市情怀。影剧院、舞厅、音乐会、溜冰场、网球场、高尔夫球场……扑鼻而来的十里浮场气息令陶醉。戏曲、茶馆、麻将、杂耍……这些熟悉的传统娱乐

待贩的难民

"一贯道"进香

算命

38

陪都具有浓郁的都市情怀。影剧院、舞厅、音乐会、溜冰场、高尔夫球场、朴鼻而来的"十里洋场气息令市民辟场残曲茶馆、麻将、杂耍……这些热悉悉的传统娱乐

巫师求雨

祷雨法会

老风尚

成都具有浓郁的都市情怀。影剧院、舞厅、音乐会、猫咪舍、溜冰场、网球场、高尔夫球场……扑鼻而来的十里洋场气息，陶醉、戏曲、茶馆、麻将、杂耍……这些熟悉的传统娱乐

丧俗

做道场

40

41

丧俗——厚板柩墙成为栖身之所。（采自高龙生漫画《红与白在农村》）

丧俗——"鸡公"压席包。（采自高龙生漫画《红与白在农村》）

吊脚楼下，也是存放未来的身心寄托之所——棺木的最佳位置

陪都具有浓郁的都市情怀。影剧院、舞厅、音乐会、溜冰场、足球场、高尔夫球场、戏曲、茶馆、麻将、杂耍……朴素而来的十里洋场气息令市民辞战曲。这些熟悉的传说娱乐

老风尚

老风尚

陪都具有浓郁的都市情怀……影剧院、舞厅、音乐会、溜冰场、网球场、高尔夫球场……"朴鼻而来"的"十里洋场"气息令人陶醉。戏曲、茶馆、麻将、杂耍……这些熟悉的传统娱乐

1911年9月德国驻重庆总领事馆官员魏斯偕新婚夫人乘船过三峡,抵重庆。古老的四川盆地,吹进了一股欧洲风

陪都具有浓郁的都市情怀。影剧院、舞厅、音乐会、溜冰场、高尔夫球场、扑鼻而来的十里洋场气息令陪都辟戏曲、茶馆、麻将、杂耍……这些熟悉的传统娱乐

民间丧服

老风尚

三峡美景尽收眼底，魏斯偕夫人乘船过三峡

老风尚

陪都具有浓郁的都市情怀，影剧院、舞厅、音乐会、溜冰场、网球场、高尔夫球场……，扑鼻而来的十里洋场气息令人陶醉；戏曲、茶馆、麻将、杂耍……这些熟悉的传统娱乐

黔江龚氏苗墓

陪都具有浓郁的都市情怀。影剧院、舞厅、音乐会、溜冰场、高尔夫球场……扑鼻而来的十里洋场气息令陪都市民辞别戏曲、茶馆、麻将、杂耍……这些熟悉的传统娱乐方式。

拜灶神

烟杆越长，地位越高

老风尚

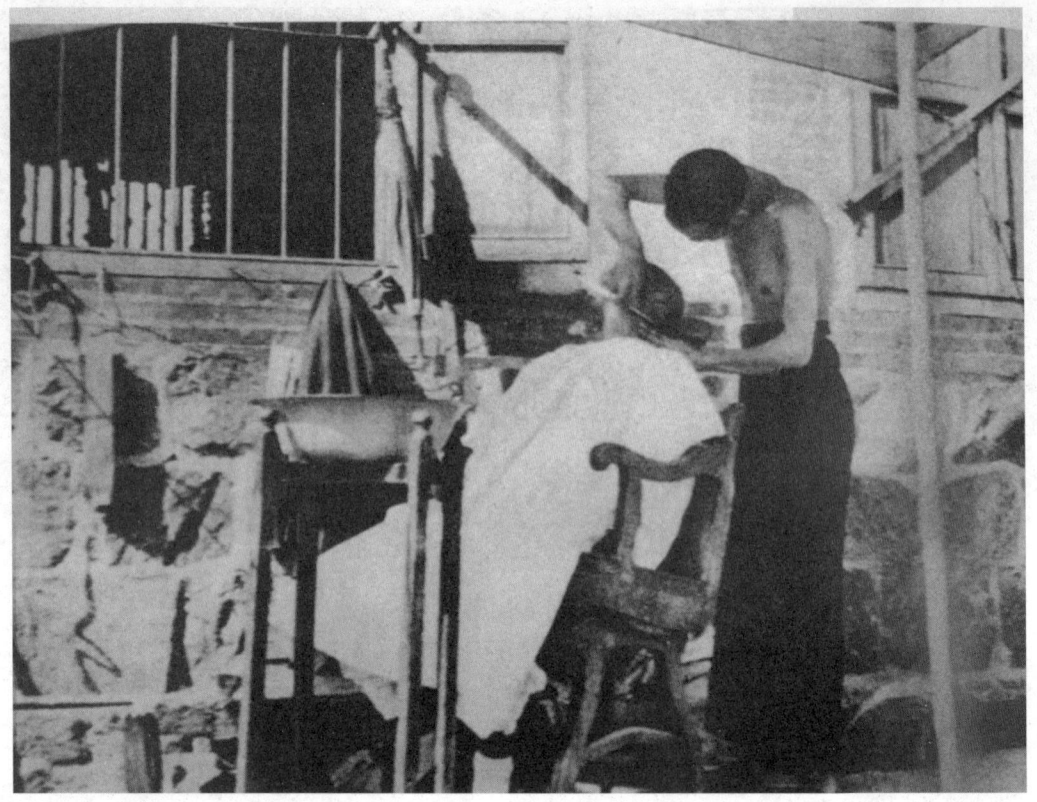

剃头匠

1939年4月10日，城市居民疏散下乡的场景

老风尚

陪都具有浓郁的都市情怀，影剧院、舞厅、音乐会、跑马场、网球场、高尔夫球场……扑鼻而来的"十里洋场气息令人陶醉"。戏曲、茶馆、麻将、杂耍……这些熟悉的传统娱乐

陪都具有浓郁的都市情怀。影剧院、舞厅、音乐会、溜冰场、篮球场、高尔夫球场⋯⋯朴鼻而来的十里洋场气息。合市传辞戏曲、茶馆、麻将、杂耍⋯⋯这古朴亲切的传统娱乐

重庆妇女为前线将士缝制军衣

老风尚

山城夕照

耍龙灯

舞狮

老风尚

陪都具有沉郁的都市情怀,影剧院、音乐会、舞场、网球场、高尔夫球场……"扑鼻而来"的十里洋场气息令陶醉,戏曲、茶馆、麻将、杂耍……这些熟悉的传统娱乐

48

饮食·百家味

川菜

川菜的特点在"色"、"香"、"味",不但色泽光鲜,香气四溢,且脍炙人口,令人称绝。其调味较浓,但能保持蔬菜原汁不变。以烹调方法分类,川菜可分为熏、蒸、烘、爆、烤、酱、炒、炸、卤、糟等。

经济萧条时,"陪都"唯有餐饮业未遭受致命打击,"民以食为天",重庆人始终保持这一传统,遍布全城的川菜馆即是明证。新记国泰饭店,装置得宏敞富丽,设有结婚、祝寿、团体聚餐的大礼堂,幽静、雅洁,能避尘嚣的精致小房,新型、美观、经济、味馥的宽敞小食部,被誉为"川味百老汇"。百乐门饭店,特聘成都名厨,是"陪都"著名的川菜馆,以独特的招牌菜和优雅的环境吸引"陪都"各界名流。一心花园饭店为防敌机轰炸,自开山洞,将饭店设在防空洞内,礼堂装置得喜庆富丽,并聘有川菜名师主厨,在防空洞中品佳肴,别有风味。白玫瑰餐厅的豆瓣酱辣子烧鲫鱼,令下江人和盟军直竖大拇指。磁器口码头上,饭馆林立,在这里可尝到正宗的川味,更有名扬四方的坛子肉、豆瓣鲫鱼等。"陪都"专营川菜的中高档餐馆还有颐之时、小洞天、醉东风、九华圆、凯歌归、长美轩等。川菜吸引了南来北往的食客,人们在这里领略川菜的美味,尽享美食城的魅力。

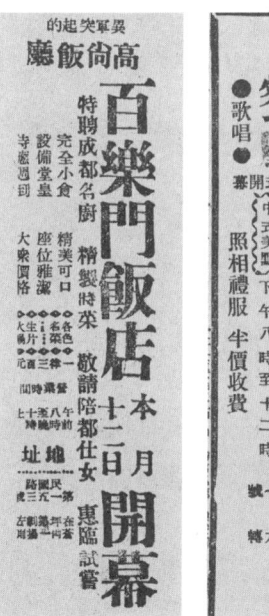

整日摆在马路边的牦牛肉,以保安路的稀镩卤品店生意最为兴隆。这是来自成都的一个卤品店,已有十多年历史,在它

十足的川味——兔儿肉

百乐门饭店广告　　扬子餐厅广告

经济食堂

点豆花

"凯歌归"川菜馆也兼营西餐

凯歌归餐廳

佈置就緒 業已開幕 富麗堂皇
清潔衛生 開幕期間 廉價歡迎

附設冷飲部

● 名茶西點 ● 各種冷飲

是本山城市清夏聖地威權

地址：鄒容路一二六號
（國泰電影院隔壁）

◁工商社▷

老风尚

陪都具有浓郁的都市情怀，影剧院、舞厅、音乐会、溜冰场、网球场、高尔夫球场、十里洋场气息合会、陶醉、戏曲、茶馆、麻将、杂耍……这些"朴鼻而来"的熟悉的传统娱乐

50

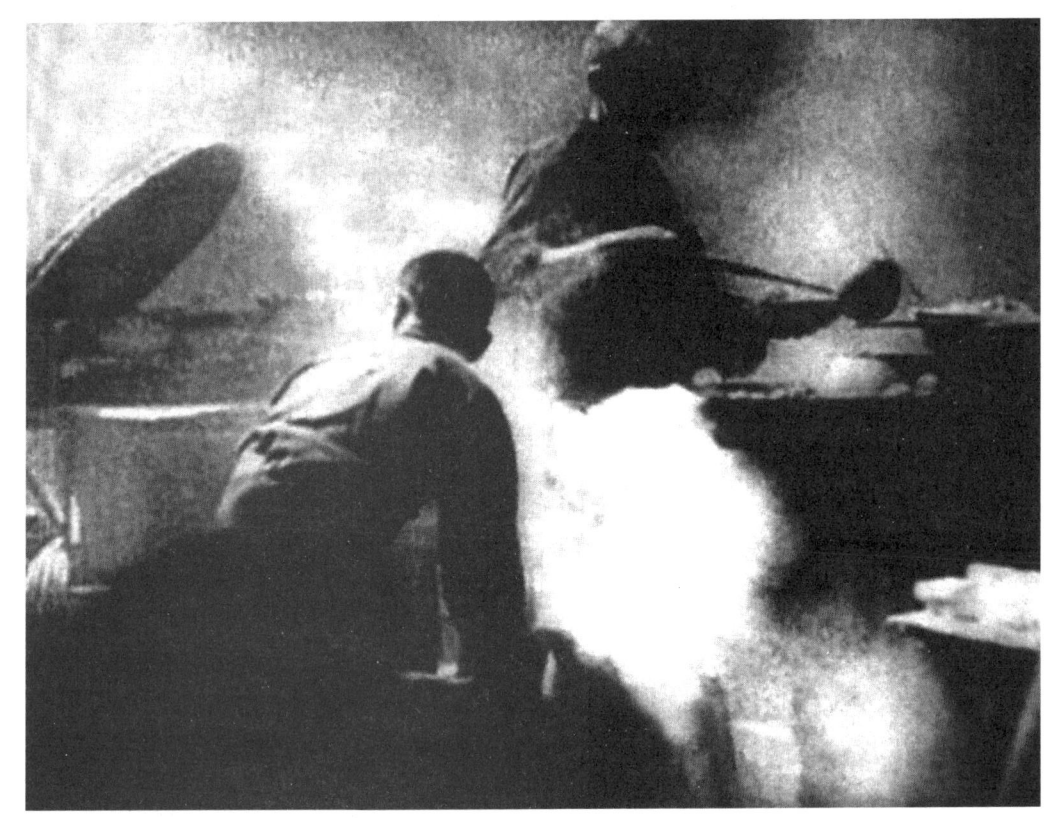

陪都具有浓郁的都市情怀。影剧院、舞厅、音乐会、溜冰场、淘辞扬、高尔夫球场、球场、麻将、杂耍……朴鼻而来的"十里洋场"气息，这些熟悉的传统娱乐令

千年古镇磁器口的饮食业

的后院埋着一口像圆桌一样大的卤缸，满缸卤水也已有十多年历史，此种卤水是特制的，除茴香、八角一类普通香料还加有大枣、金酱等，所以味道特别醇美。从早到晚，十几口卤锅总是煮着东西，大堆大堆的酱鸭、板鸭、猪头、酱鸡、糟鸡、金银肚等被捞起来，趁着一股股热气，放到纱橱里，让香味洋溢在街心，吸引了许多路人。过年的时候，卤品店的生意最好，每天收入翻番，卖得最多的是豆腐干，其次是酱肉、肫舌干、猪嘴、耳朵、火腿、鸭颈、鸭舌等。

街边小铺的豆花饭和泡菜香飘四巷，虽不足登大雅之堂，却以其价格低廉和香味独特吸引了众多与大饭店无缘的下层百姓。豆花，经过多道工序精制而成，色泽乳白，细嫩绵扎。重庆人吃豆花饭离不了既辣又香的"糍粑海椒"，即将新鲜海椒用砂钵舂成的海椒泥。豆花饭的麻、

在冷酒馆中

老风尚

辣、鲜、香，令人馋涎欲滴。两大碗豆花，外加一碟泡菜，几乎成了小公务员与下层劳动者们的桌上佳肴，他们喜欢坐在豆花铺里，细品其中的独特滋味。重庆泡菜是用罐缸厂生产的有池钵水舷的泡菜坛子腌制而成。泡菜的制作工艺讲究，初泡时，将泡菜洗干净，晾干水分，再放入坛内，加冷盐水，放酒和花椒，盐水淹过菜，这

用于制作泡菜的坛子

样水既不会长盐霜，又能保持菜不变色和味美鲜脆，最后盖上坛盖，加好池钵水。挤在小铺子里，津津有味地吃豆花饭，再夹上一筷子香脆可口的泡菜慢慢咀嚼，这不仅是一幅地道的重庆饮食风俗画，也是战时重庆百姓艰苦生活的写照。

火锅

外地初来重庆的客人，是不易了解这个千奇百怪而又有趣的都市的：先生们解开领带，高挽府绸衬衫的袖管，小姐太太们也雄踞在高架木凳上，吃得热火朝天。"毛肚火锅"是重庆人最时髦的享受，从未见识过此种粗线条风格的外地人，怎能知道这围炉取暖的乐趣？怎能理解给山城冬季带来暖意的火锅呢？山城盛行吃"毛肚火锅"之风，市间僻街陋巷随处可见这种火锅。重庆火锅可分四等，一是大餐馆内所售卖者；二是保安路及临江路一带的毛肚火锅店；三是各码头车站间的小吃馆；四是普通百姓在街边吃的"共和火锅"。锅中"共和者"，以木条将锅分成几格，客人各占一格，以免混淆。火锅之性质

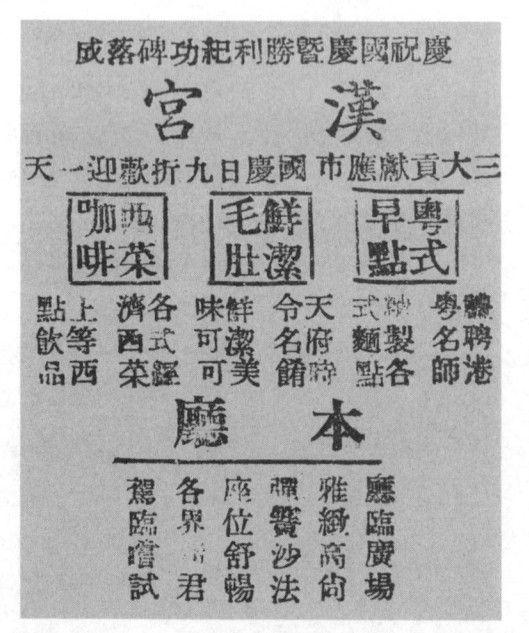

汉宫火锅店广告

可分为四种，即猪肉火锅、牛肉火锅、羊肉火锅及火锅豆花。后者为成都味饭馆的特种设备，专以豆花、小菜作为烫吃对象，嗜者不乏其人。吃火锅是一门学问，

重庆的毛肚火锅店。（采自庄黎明的漫画《四川风土志二》）

有经验的火锅客有不少"板眼"：第一换菜不换汤，汤熬干了加茶水是可以的，据说这样可以保留"元气"；其次，要一小杯麻油，最好混一只生鸡蛋，每夹一筷子菜，便往麻油鸡蛋里蘸一下，这样吃了不上火；再次，毛肚、脑花不宜久煮，不沉底而浮起来便是恰到好处。

十月份，天气渐冷，是吃火锅的季节。民生路、保安路（今八一路）、米亭子一带，随风飘来牛油的香味，使人垂涎三尺，那极富刺激性的麻辣味让嘴馋的人连打三四个喷嚏。山城的火锅曾经名噪一时，抗战初期，下江人刚踏上这个依山傍水的古城时，带着一副什么都看不惯的神气说："火锅不卫生。"当他们偷偷地尝过几次后，也学着重庆话说："硬是要得！"正因此，抗战胜利后，毛肚火锅居然"火"到南京、上海了。

火锅店是个热闹闹暖烘烘的所在，油漆方桌一长条地摆开，桌面上雄踞着一套家伙，高过了人头，炭火正在炉子里面熊熊地燃着，并发出噼里啪啦的炸裂声，一碟碟的蒜苗、青菜、血旺、鸡片、毛肚、猪肉、鱼片……展览似的陈列在桌面上。堂倌在店内飞快穿梭着、招呼着。吃火锅的客人，一个个摩拳擦掌，猜拳行令。许多客人嘴辣得合不拢来，挥汗如雨，但仍鼓起勇气，将筷子往锅里伸，一直到酒足饭饱，一醉方休。

五四路的"不醉勿归"毛肚店，夏季开电扇，特别款待那些怕热的顾主。这似乎有种"边吃边退凉，方好再接再厉"的作用。民国路有一家招牌叫"幸福圆"的毛肚店，生意兴隆，光顾者大多是西装革履的青年和摩登少妇。其墙壁上贴了几张"摩登儿"像，顾客们可边吃火锅边欣赏。新来鸿毛肚店、通远门毛肚店、云龙火锅、夜光杯火锅、一四一火锅、农味村火锅店，生意火暴，常告客满。重庆火锅从诞生之日起，一直长盛不衰。抗战结束，国民政府还都南京，重庆经济一度萧条，但火锅店的生意亦未受影响，人气不减。

小吃

在重庆城闹市一角，有卖担担面的、卖红烧猪肚肥肠的、卖烧饼的、卖豆花的……真是无所不有，应有尽有。这些小吃摊，或点红色的纸灯，或用比较现代化的电石灯，在夜幕降临时开张，有各自固定的消费人群，从小公务员到贩夫走卒，每天按时到这里享用"经济晚餐"，为寂静的夜晚增添一丝热闹的气氛。

在重庆，最香的小吃，要算"担担面"和"炒米糖开水"。担担面是山城的经济小吃，每到傍晚，小贩们就担着一副担担沿街叫卖，担担面的名字由此而来。在幽深的小巷，担担面的香味穿透力极强，好多睡了一觉的人闻着香味，还要爬起来站在街边吃一碗。日机轰炸重庆时，在防空洞里避难的人们，趁"绿球"挂出的短暂时间，冲出洞子，买两碗"担担面"，狼吞虎咽，既香又充饥。卖炒米糖开水的，担一个大竹篮，里面整齐地放着炒米糖、藕粉、碗、汤匙……一个高筒，下面燃着熊熊的火，一格是沸腾的开水，另一格煮着盐茶鸡蛋，这样组成了一副简单的担子。他们的顾主大多是"摸八圈"的以及上夜班的人。

在重庆的轮船码头上，经常可以听到一些小贩叫卖"合川桃片"，其颜色净，品质细，清甜化渣。合川桃片是重庆著名的土特产，人们出门，必带上几盒作礼品，外地人路过此地，好奇心驱使他们也买点尝尝。合川桃片厂的生意特别兴隆，全城专门经营这行的有七八家。其中，"三

重庆街头小吃吸引了许多路人

热气腾腾的重庆小吃

陪都具有浓郁的都市情怀。影剧院、舞厅、音乐堂、溜冰场、台球场、高尔夫球场、保龄球场气息令人陶醉,戏曲茶馆、麻将、杂耍……朴鼻而来的这些熟悉的传统娱乐

设在防空洞口的点心摊

重庆小吃——酸辣粉

门斋桃片厂"的味道最好;"同德福"的牌子最老。

　　青年路与民生路的转角处,有一家卖熨斗糕的,每天上午九十点钟,生意特好,光顾者像等公共汽车一样"候班"。屋内靠墙安置了两张小圆桌,每桌最多坐三人,街边还摆了一张条桌。早上八点钟便有人来店等候,顾客中不乏绅士淑女,有许多不愿等候座位的便包回家去吃,也有专门开着小轿车来买的。曾经有个美国飞行员慕名驾吉普车来,烧了一锅(五十个)带到成都去吃。

老风尚

久负盛名的磁器口椒盐花生，以焦、脆、酥而得名，誉满"陪都"，脍炙人口。驻渝的美国士兵对磁器口的椒盐花生赞不绝口，他们经常开着吉普车去磁器口，一饱口福。磁器口码头上以炒花生为业的炒房有十多家，唯彭绍清的彭记炒房卖的椒盐花生，味道最正宗。

街边豆浆摊

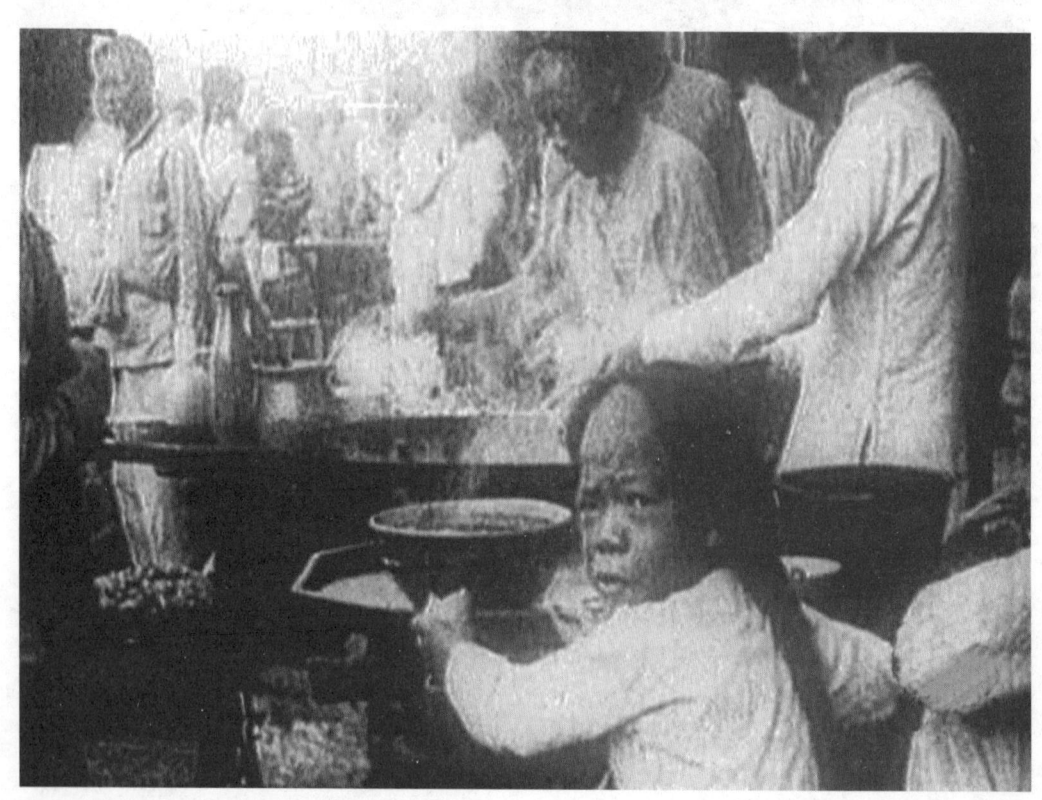

小吃摊人声鼎沸

老风尚

陪都具有浓郁的都市情怀。影剧院、舞厅、音乐会、溜冰场、网球场、高尔夫球场……扑鼻而来的十里洋场气息，陶醉、戏曲、茶馆、麻将、杂耍……这些熟悉的传统娱乐陪都具有浓都的都市情怀。影剧院、舞厅、音乐会、溜冰场、陶瓷场、高尔夫球场、朴鼻而来的"十里浮场气息令市",球场、戏曲茶馆、床将、杂耍……这些熟悉的传统娱乐

老风尚

北碚生产的温泉挂面

街头担担面。（采自张文元的漫画《较场口轮廓》）　　合川桃片

外省名菜名点

作为战时首都的重庆，广州、苏州、浙江等地各种名餐馆遍布上下城，有广东的"冠生园"、苏州的"陆稿荐"、江浙的"状元楼"、湖北的"四象村"等饭馆，食客足不出渝，便能一饱口福，尽享各地名菜、名点。在酒宴上，龙虎斗、娃娃鱼、海参鱼翅并不鲜见。名厨掌勺，宴无虚席，好食者在这里畅饮达旦，尽享美味。抗战八年，禁酒令高悬，但重庆喝酒吃饭的地方有的是，商贾及各界名流频繁出入各类酒楼，重庆饮食业依然兴旺鼎盛。

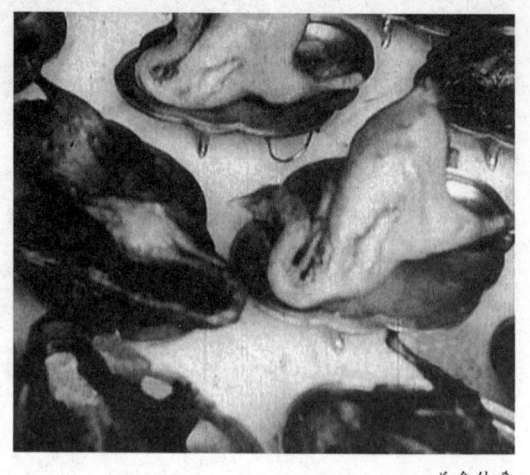

美食佳肴

1938年，南京饭店在重庆开业，厅堂装修精致，充满江南情调，令人心旷神怡，聘名厨烹饪，系正宗的京苏风味餐馆。精神堡垒（今解放碑）旁的"首创三六九"餐馆门庭若市，生意兴隆。会仙桥的上海饭店，特请淮扬名师主厨，新增五味干丝、小笼包饺、京江肴蹄及各色面点。上海邓脱摩饭店、上海老大房、上海老半斋、爵禄大饭店，推出京苏名菜、南京板鸭、镇江肴肉、扬州包饺等地道的下江风味菜品。百龄餐厅设在夫子池的大众商场楼上，以经营粤菜为主，装修得宏伟气派，从南京、上海来渝的各界士绅经常在百龄餐厅聚会。1946年3月12日，为庆祝边疆舞蹈在重庆的演出获得巨大成功，戴爱莲和格桑悦希在百龄餐厅宴请全体演职员及一些热心赞助的朋友。席间，演员们欢乐的笑声、嘹亮的歌声、优美的舞姿感染了每一位客人，大家沉浸在酒宴的欢歌笑语中。每天上午十点左右，在大三元、广东大酒家、冠生园，可以看到许多夹着公事包的人。中午和晚上，这里的客人更是络绎不绝，座无虚席。会仙桥的南园酒家，主营粤菜、茶面和卤菜，也吸引了不少闻香识美味者。

苏式点心店，不管城里城外，店号一律叫"三六九"，有汤团、汤面、馄饨、春卷等，是地道的下江味，极受公教人员的青睐，"三六九"面馆也因此遍布重庆城。徐记"三六九"推出的招牌点心——"四喜汤元"，兼顾江浙味与川味，每碗四个，色香味各异。其玫瑰桂花心子，两头尖；豆沙心子，一头尖；芝麻心子，扁圆形；猪肉心子，椭圆形。"四喜汤元"在陪都名噪一时。冠生园的粤式点心、河南的薄饼、山东的韭菜饺子、回教食堂用米粉做的糕饼、油菜大饼及豆浆冲鸡蛋……都深受百姓喜爱，在茶馆饭店里品点心的客人川流不息，"点心城"让人流连忘返。

59

场都具有浓郁的都市情怀。影剧院、舞厅、音乐会、溜冰场、桌球场、高尔夫球场、台球场、戏曲、茶馆、麻将、杂耍……扑鼻而来的十里洋场气息令都市诸部具备了沪都的都市情怀。这些熟悉的传统娱乐

老风尚

冠生园的宴会厅

下江菜馆"五芳斋"也兼营西餐

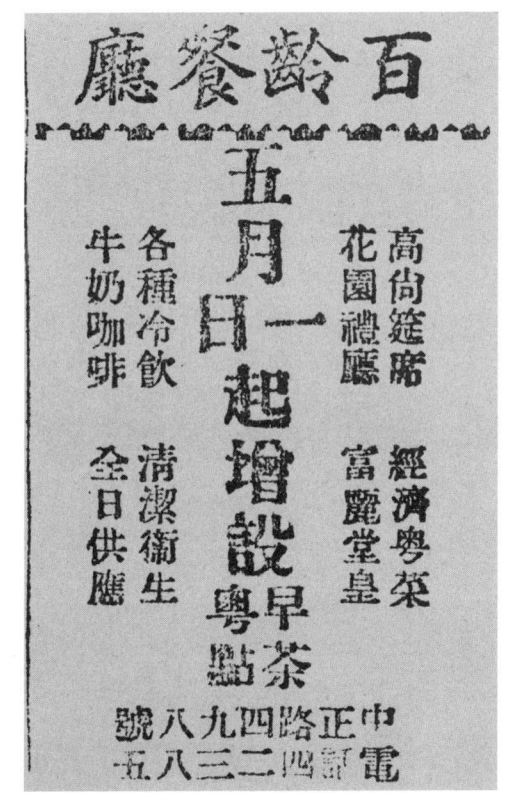

百龄餐厅广告

大饱口福

闻香品美味

老风尚

陪都具有泱泱大都市情怀，剧院、舞厅、音乐会、溜冰场、网球场、高尔夫球场……，扑鼻而来的十里洋场气息，陶醉、戏曲、茶馆、麻将、杂耍……这些熟悉的传统娱乐

60

陪都具有浓郁的都市情怀。影剧院、舞厅、音乐会、溜冰场、朴鼻而来的十里洋场气息，淄人令市辞球场战曲茶馆麻将、杂耍高尔夫球场……特统娱乐

老风尚

抗战胜利的消息传来，"首创三六九"（下江菜馆）周围聚集着狂欢的人群

街头炒板栗

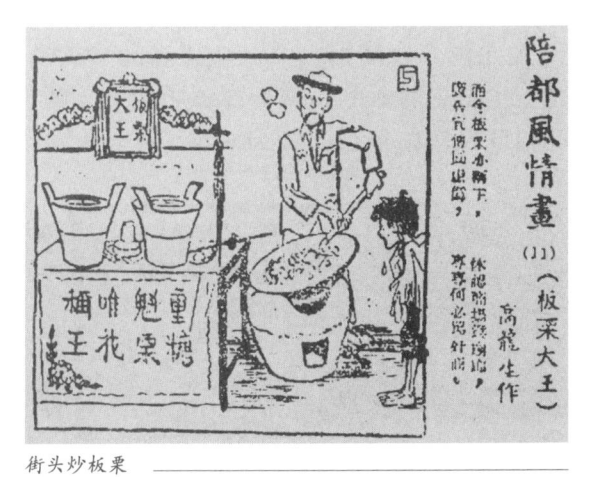

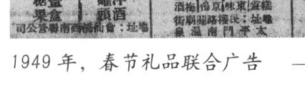

1949年，春节礼品联合广告

冷饮

夏季，"冰"字招牌的食店在重庆表现出强劲的号召力。

溽暑难耐的季节，山城的流动冷饮摊，如卖冰粉、凉面、柠檬水、老荫茶、白糖枣子水的，人气旺，生意火。在人行道旁或轮船码头上，可以看见许多卖冰粉的小贩。冰粉是一种既经济又可口的冷饮，一只小木桶里装着浅黄色的冰粉，桶上放着一个木盘，盘里有几个小碗，不整齐的玻璃片盖着一碗碗的冰粉，桶旁地上有一只较大的土碗，盛满红糖水。车夫、挑夫、擦鞋匠等体力劳动者在烈日下，伸出黝黑的手，摸出沾满汗渍的碎票子，换来冰粉，一碗下肚，倍感凉爽。许多进城的乡下人耐不住烈日的暴晒，背着背篼，在重庆牛奶场冷饮店门口徘徊良久后，终于鼓足勇气，排队买广柑汁、柠檬汁，学着城里人奢侈地享受一回冰凉爽口的感觉。

在夜花园喝冰橘子汁，吃冰淇淋，清凉一夏
（采自汪子美的漫画《山城的 ENANERES》）

据 1946 年统计，重庆生产冰的厂家有 100 多家，正式登记的有 40 家，其中一家还装备有正宗的美国设备。新兴冷气厂、巴山冷气厂、幸福冷气公司是当时的三大王牌冰厂。这些冰厂生产的冰糕品种非常丰富，有香蕉、白糖、牛奶、豆沙、橘子、可可、香草、红豆、柠檬等各种口味。冰糕是重庆夏季最受欢迎的消暑解渴佳品，"奶油冰糕"、"香蕉冰糕"……小贩们撕破喉咙地叫卖着。从较场口到十八梯，从公园路到望龙门，朝天门码头，都邮街口，还有许多卖渣冰、刨冰的商贩，他们抬着箱子，沿街兜售。较场口一家久负盛名的酸梅汤店也吸引了许多行人争相购买，把店老板忙得乐滋滋的；街头冷饮店生意兴隆，人们一边口含吸管品着橘子水，一边侧目欣赏马路景色，颇为惬意。

幸福冷气公司冰淇淋广告

1947年，重庆牛奶场冰淇淋广告

在炎炎夏日，冰淇淋最俏销。（采自廖冰兄的漫画《军事第一》）

冰淇淋与凉开水。（采自张文元的漫画《闲话闲画》）

至于太太、公子、小姐们，则不屑在街头吃冷饮的难堪，他们一般端坐饮冰室，尽情享受冰凉的感觉。百龄餐厅冷饮部，夏季推出冰淇淋、果子露、冰可可、冰咖啡、冰牛奶等各种饮品；关庙街心心饮冰室，大力宣传本店特色：纯牛奶冰淇淋、汽水、刨冰、豆乳、西点、八宝饭、广东茶、鲜牛奶、冰啤酒等；冠生园的新型冰淇淋桶吸引了可爱的孩子们；被誉为仲夏乐园的美琪冷饮室，环境幽静，店堂内高悬"蛋卷冰淇淋"、"三色冰淇淋"的商标，颇为引人注目。在富丽雅致的饮冰室里，电扇的凉风和冰淇淋的凉爽，使闷热和烦躁逐渐消失，还可窥见山城上流社会的形形色色，何乐而不为？

"陪都"时期的重庆是一个时尚之都，对冰淇淋的热情从未减退，甚至在冬季也啖冰色喜。嘴馋的年轻人在寒风凛冽中，一边哈着寒气，一边津津有味地吃着带奶油香味的冰淇淋，显出一副很舒服的神态。由此看来，冬季吃冰淇淋并非当代人的时尚，"陪都"的人们早已领略了其中之神韵。

西餐 咖啡

据 1943 年统计，重庆城内的咖啡馆、西餐厅有三十多家。喝咖啡、吃西餐是大多接受西洋文化的新青年或商人、贵妇人的时尚追求。当时专营欧美大菜的"皇后大餐厅"、纯欧风格的"俄国酒菜馆"以及著名的"心心咖啡馆"成为他们聚会、应酬的重要场所。具有浓郁西洋格调的西餐厅和咖啡馆，给重庆抹上了一层摩登的色彩，为"陪都"增添了几分国际大都市的意味。

在重庆，不论居住时间长短，大概没人不知道民族路的皇后餐厅。那里富丽堂皇，配上幽雅的音乐，可口的欧美大餐，每一位光顾的客人，可尽情地享用美食，倾听美乐。皇后餐厅堪称"陪都"餐厅的代表，是西南都市中的"皇后"，吸引了各界名流。孔二小姐是皇后大餐厅的常客，"陪都"文化界、新闻界的朋友们也常在那里聚会，甚至初至重庆的外国友人谈起皇后餐厅也耳熟能详。

柴家巷（今国泰电影院一带）有一家摩登的俄国酒菜馆，自开张以来，门庭若市。内部一切设备，皆系欧化，制菜所用的一切原料，

——被日机轰炸的芝加哥酒吧

——皇后大餐厅广告　　——摩登俄国大餐厅广告

均为舶来品,厨师亦为金发碧眼的俄国人,吸引了许多喜欢吃西餐的赶时髦者。虽然消费高,商贾、贵妇人仍然频繁出入此"摩登"酒菜馆,以标榜十足的洋派。

山城的西餐厅各具特色,争相比美。会仙桥的南京好莱坞西餐厅,民生路的吉士餐厅,均有留欧名厨烹制西式大菜;新华商场内的莫斯科大餐厅,布置堂皇,有从俄国归来的厨师调制新颖的俄菜;国泰大戏院旁的沙利文西餐厅,环境幽雅,雪白的桌布和淡淡的台灯光营造出温馨的气氛;美琪餐厅,还特聘上海晋隆饭店西菜名厨主持烹饪,冠生园、百老汇也分别在圣诞节来临之际推出丰富的西式菜品:水果考克推尔、花旗果盘、奶油芦笋汤、牛尾番茄、烙羊腿、鸡绒花菜、煎番茄条烩青豆、圣诞蛋糕、冰淇淋、咖啡等。

西餐厅与咖啡馆同出欧洲,它们浓浓的欧洲情调,让人神往。设备一流、冠绝西南的心心咖啡馆,门前有穿笔挺制服的侍应生,厅堂内装饰成罗马风格,大柱穹顶、露台、铁栏杆,隐约的交响曲与柔和的灯光辉映,舒软的沙发与芬芳的鲜花令人陶醉。留声机播出《常在心头》,一对对年轻情侣情不自禁地随着音乐吟唱,大胆的青年男子低头亲吻女友的手。这是电影中的镜头吗?不!这是心心咖啡馆的平常景象,汉宫咖啡厅亦属"陪都"的高档咖啡馆,小餐桌上铺设着红白方格台布,桌上的大理菊娇艳欲滴。所有女招待员,均穿统一的制服,即绿呢旗袍,胸前佩戴徽章,其服务水平并不亚于欧洲。在渝拍戏的金山、张瑞芳等工作之余也小坐咖啡馆,享受咖啡的浓香,品尝来自欧洲的点心。

俄国大餐厅广告

汉宫咖啡厅广告

西餐厅充满了浓浓的欧洲情调

娱乐·都市情

文化生活

看电影

看电影既可调节疲倦的身心,又能获得艺术享受。在"陪都"有一个奇怪的现象,即排队。不仅候车需排队,看电影也要排长队,有时为看一场电影,需耗去七八个钟头,但人们却乐此不疲。国泰大戏院门前售票口,常常有排着长队买票看戏的人们,这支长长的队伍成了战时"陪都"的一道景观。

美国八大影片公司的电影拷贝经空运至渝,在市内各影院竞相上映。1945年3月7日,新川大戏院独家上映卡通片《蜉蝣仙境》。昆虫谈恋爱、闹醋劲、唱名歌、跳艳舞,奇妙的幻想世界令人大开眼界,人们争相购票,场场爆满。1945年11月28日,国泰、一园两大戏院联合放映海明威的《战地钟声》,大明星加利古柏、瑞典女星英格丽·褒曼领衔主演,原著译本在中国畅销达40万册。影片充满了对和平的渴望,歌颂了英勇的西班牙人为民主、自由而奋战的精神。1948年4月11日,米高梅出品的《玉女神驹》在青年馆上映,男女主角分别由米盖罗纳与伊丽莎白·泰勒出演,将人与人之间,人与兽之间的情感刻画得细腻感人。电影《幻想曲》以音乐为主,画面为辅,展现了缤纷的色彩与美丽的幻想。其音乐由美国著名的费城管弦交响乐团演奏,有七百多位画家参与该片制作。《国家至上》又名《法国魂》,讲述了1870年至第二次世界大战期间,德国军队三次入侵法国,毁掉了法兰西美丽的村庄,给人们留下无尽的伤痛。米高梅公司摄制的爱情悲剧巨片《魂断蓝桥》,由

轰动山城的影片《战地钟声》剧照,由美国好莱坞派拉蒙公司拍摄,山姆伍德导演

费文莉与罗伯特·泰勒主演，讲述了一段刻骨铭心的爱情悲剧。反映航空史实的《银翼春秋》，为民族自由而战的苏联影片《旧雨重逢》，关于1940年欧洲大战的《欧战特辑》，以及《出水芙蓉》、《复活》、《鲁滨逊漂流记》、《飘》、《百老汇专车》、《会师柏林》、《仲夏恋歌》、《吉普女郎》、《小东西》、《小人国》等影片丰富了"陪都"市民的文化生活。

抗战开始后，大批电影工作者云集山城，中央电影摄影场和中国电影制片厂先后迁至重庆，使重庆电影事业进入巅峰。发动群众支持抗战，表现全国各民族各阶层人民参加抗战，成为这时电影创作的基本主题。1941年5月，"国泰"、"唯一"（位于较场口）上映中国电影制片厂的新片《火的洗礼》，以重庆为背景，再现人们熟悉的重庆生活：爬山坡、坐滑竿、吃回锅肉、进防空洞……展现敌机轰炸重庆的事实，歌颂重庆人民的不屈精神。《前程万里》在国泰连映27场，场场满座，每场观众1500人，共计在4万人以上。抗建堂（位于观音岩）首映中国制片厂的新片《胜利进行曲》，该片由国军前线高级将领数十人，士兵十万人合力摄成，再现湘

《鲁滨逊漂流记》剧照

1939年，国泰大戏院放映的苏联影片《十三勇士》海报

北大捷，是一部抗战的史诗。《幸福狂想曲》充满现实意味，讲述了居住在乡村的农民，向往都市的繁华，却没有看到都市的恶与丑，最终被都市抛弃的故事。1947年11月在"唯一"上映的《不屈服的中国》，为中国人在美国摄制的第一部五彩电影，曾在美连映三个月，美国总统罗斯福也曾邀请在白宫放映。优秀的国产影片《日出》、《万家灯火》、《塞上风云》、《街头巷尾》等以细腻的手法，反映了中国老百姓的生活。

1937年建造的重庆最大的剧院——国泰大戏院，与上海著名的大光明剧院齐名

1940年，陈依萍（左图）、白杨（右图）在中央电影摄影场拍摄的抗战影片《中华儿女》中的剧照

1937年，上海影人剧团到达重庆，留下了这张著名的影人十姐妹合影

陪都具有浓郁的都市情怀。影剧院、舞厅、音乐会、溜冰场、海球场、高尔夫球场、戏曲茶馆、麻将、朴鼻而来的十里洋场气息，合市踩杂耍……这些熟悉的传统娱乐

老风尚

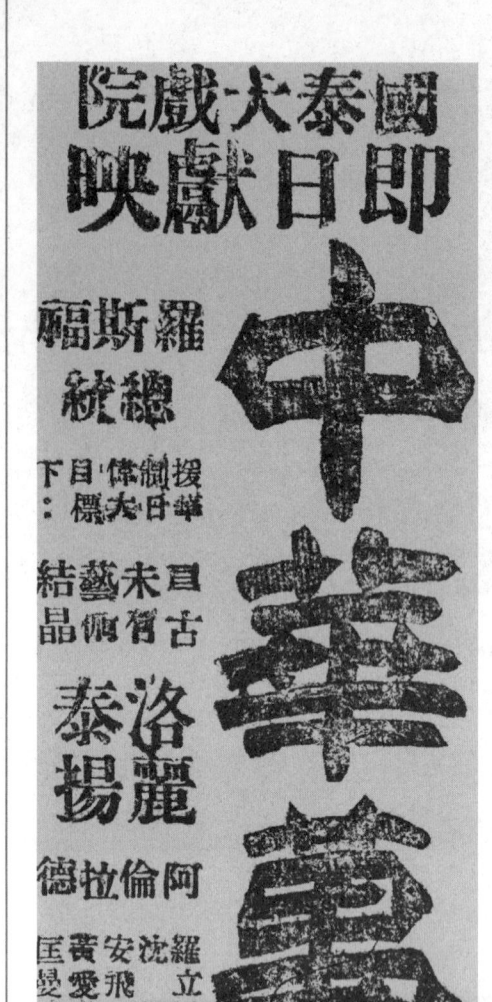

《中华万岁》电影广告

重庆生活
（一）從開映前半小時等到售票後十分鐘的
（二）好容易等來了一輛空車

战时重庆街景特色——排队，候车需排队，购戏票亦需排队

沈浮导演的《圣城记》剧照。影片中一村童因日寇封锁而饿死，深深地刺激了美国老神父的心灵，使其受到极大震撼

"中电"公司出品的《遥远的爱》剧照，由秦怡主演，图为逃难的场景

老风尚

陪都具有沈郁的都市情怀。"影剧院、舞厅、音乐会、溜冰场、网球场、高尔夫球场、十里浮图气息扑鼻而来"的陶辟戏园、茶馆、麻将、杂耍……这些熟悉的传统娱乐

70

陆都具有浓都的都市情怀。影剧院、舞厅、音乐会、溜冰场、海辞场高尔夫球场……朴鼻而来的"十里洋场气息"令戏曲茶馆、麻将、杂耍……这些熟悉的传统娱乐

《乱世佳人》剧照

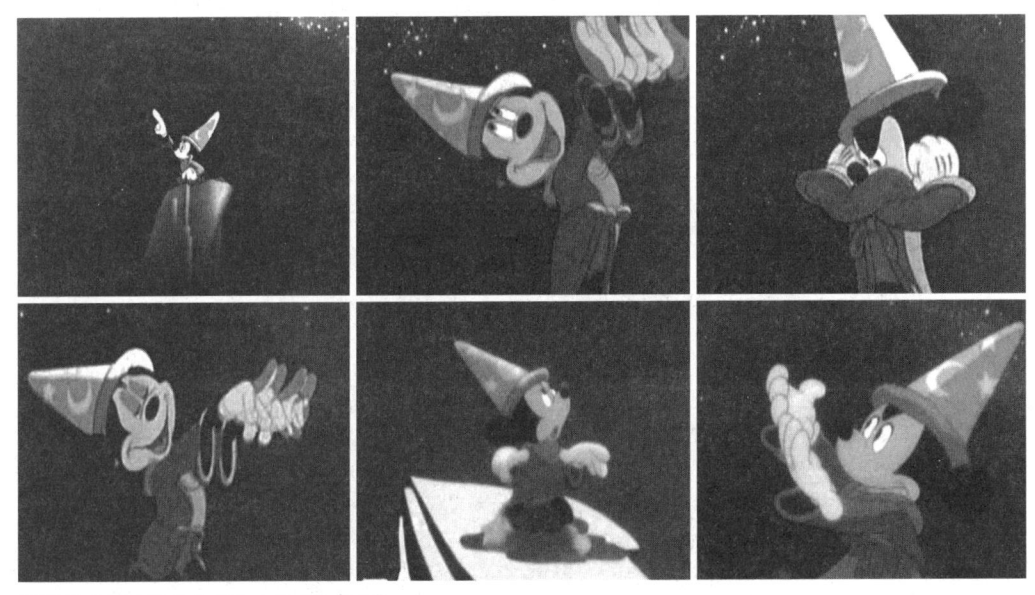

1940年美国迪斯尼公司动画片《幻想曲》

老风尚

《中华儿女》剧照。图为白杨饰演的游击队员化装混入敌区，从事破坏工作，不幸为敌逮捕的场面

摄于1939年的《孤岛天堂》剧照

1947年昆仑影业公司出品《一江春水向东流》剧照

老风尚

陪都具有浓郁的都市情怀，影剧院、舞厅、音乐会、溜冰场、网球场、高尔夫球场……"扑鼻而来"的十里洋场气息，陶醉、戏曲、茶馆、麻将、杂耍……这些熟悉的传统娱乐

看话剧

1938年，重庆举行中华民国第一届戏剧节

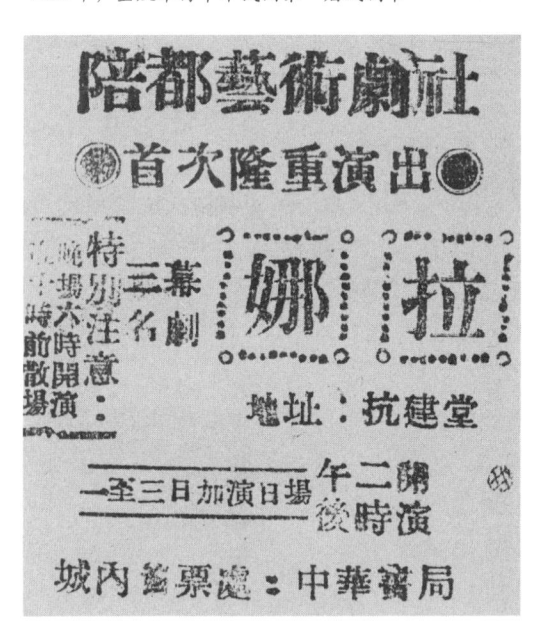

话剧《娜拉》广告

话剧是一门视觉与听觉相结合的艺术，利用舞台灯光烘托气氛，以直观的效果吸引观众。抗战时期，重庆是全国话剧运动的大本营，大量剧作家、导演、演员汇集重庆，在重庆公演话剧240多部，将重庆的话剧事业推向高潮。

在"陪都"重庆，人们有幸欣赏外国名剧目。1945年3月17日，抗建堂公演由新生剧社据《飘》改编的《乱世佳人》，场场客满。《大雷雨》是俄罗斯古典悲剧，战时曾在"陪都"重庆上演，引起轰动。1947年5月，新中国剧社的《茶花女》在抗建堂上演。《茶花女》不但有悲惨痛苦、缠绵悱恻的场面，更有对纸醉金迷的黑暗现实的揭露。小仲马用血和泪写出的不朽名著，引人深思。1948年12月25日，"陪都"剧社在抗建堂上演易卜生的《娜拉》，引起了中国"娜拉"们的深思。《娜拉》第二幕一场古典舞，由著名舞蹈家戴爱莲的高徒黄子龙担任指导。

这一时期的重庆话剧成为中国话剧史上的神话，剧作家们用手中的笔，描写、批判社会现实。1940年12月26日，《雾重庆》由中国电影片厂、中国万岁剧团的舒绣文、黎莉莉、凤子、江村、陈天国等演出，在国泰大戏院上演，编剧宋之的，由应云卫导演。剧中有大学生开饭馆，作家跑堂，及其艰苦奋斗的内容，对于发国难财的内幕暴露无遗。1941年雾季，中华剧艺社上演郭沫若的话剧《屈原》，轰动了山城。观众半夜排队买票，没有座位，宁愿站着看三个多小时。1945年，《清宫外史》异常卖座，抗建堂的买票行列长达黄家垭口；《清宫外史》第二部《光绪变政记》观众空前拥挤，座无虚席，且有观众要求发售站票。1945年5月14日，中电剧团排演沈浮的新作《小人物狂想曲》，由沈浮亲自导演，白杨、谢添主演，在青年馆上演，讲述抗战时期艺术家生活和追求的故事，情节曲折动

话剧《升官图》剧照

人。该剧音乐伴奏及主题歌,由音乐家盛家伦执笔。为纪念广州黄花岗起义,1945年6月29日,在青年馆演出了由夏衍、赵如琳、胡春冰等22人集体创作的《黄花岗》,该剧以黄花岗72烈士殉难史实为题材,导演由洪深担任。参加演出者,除"中青"全体演员外,还有舒绣文、孙坚白等150人,与前后台工作人员共计300人,演出费高达800万元。1946年2月26日,剧作家陈白尘编创的话剧《升官图》在江苏同乡会上演,观众拥挤,购票不易。该剧系讽刺官场之喜剧,诙谐尖刻,通过虚幻荒唐的梦境,折射了血淋淋的现实。1947年5月上演的《裙带风》系讽刺喜剧,其针砭现实,对在官僚政治中利用裙带关系走内线的恶俗,暴露得淋漓尽致。剧中交换太太一场,妙趣横生,令人捧腹大笑。《裙带风》的布景由名装置专家蒋廷藩负责,参考最新型的室内装饰图样设计而成,富丽堂皇。为加强演出效果,在服装、道具、灯光的选择方面也非常考究。1947年

1939年重庆上演抗战话剧《战斗》,白杨在剧中饰村长女

5月3日，演剧十二队在抗建堂上演《上海屋檐下》，该剧以1934年前后真实的中国社会作背景，反映在日寇铁蹄的蹂躏下，同胞们失业、贫困、饥饿、彷徨、悲惨的各种事实，激励后方的同胞奋起反抗。重庆话剧界还推出了许多优秀的中外剧目如1941年中华剧艺社推出的《钦差大臣》、《天国春秋》，1942年中国万岁剧团推出的《棠棣之花》，朝阳大学剧社推出的《原野》，1943年中华剧艺社推出的《复活》，中国艺术剧社推出的《北京人》、《家》，国立剧专校友剧团推出的《哈姆雷特》，怒吼剧社推出的《安魂曲》，中国万岁剧团推出的《秣陵风雨》，1944年，中国艺术剧社推出的《戏剧春秋》、《镀金》，1945年中国胜利剧社推出的《重庆屋檐下》，中国艺术剧社推出的《清明前后》等。

看话剧在重庆是一件很时髦的事，四五个朋友相聚，其话题大多会谈到正在公演的话剧。在话剧艺术的熏陶下，普通的观众常常能准确地对话剧的主题和演技细节、场景布置、灯光等进行探讨、评论，专业剧评在重庆更是具有无上的权威。

1941年10月11日，中华剧艺社在国泰大戏院演出陈白尘新作《大地回春》。秦怡在该剧中扮演黄树慧（左一）

1943年4月8日，银社上演曹禺改编的巴金原著《家》，在重庆引起轰动，演出了86场。图为金山与张瑞芳的剧照

1941年中国万岁剧团演出的话剧《雾重庆》剧照

《屈原》剧照

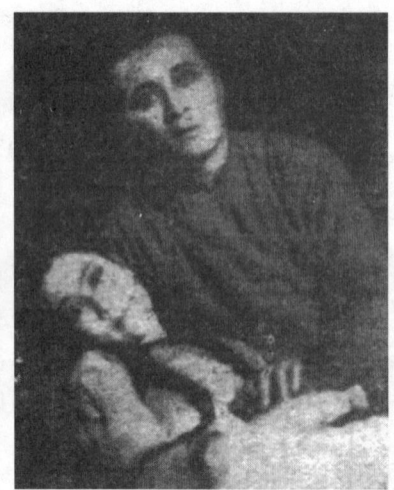

金山与张瑞芳在《家》剧中的剧照

话剧广告

话剧《茶花女》广告

老风尚

陪都具有浓郁的都市情怀，影剧院、舞厅、音乐会、溜冰场、网球场、高尔夫球场气息、十里洋场"朴鼻而来"的这些熟悉的传统娱乐……陶醉、戏曲、茶馆、麻将、杂耍

《棠棣之花》剧组正在排练

1930年刘怀叙编写的时装川剧《是谁害了她》受到重庆市民欢迎

1941年10月26日,中央青年剧社演出的曹禺新作《北京人》在抗建堂首演

听戏曲

　　川剧有优美的动作与舞蹈，其锣鼓有最复杂的节奏与音响效果。川剧的曲子包含了昆曲、皮黄、梆子腔、高腔等。高腔是最出色的，曲牌达200种之多，旋律奇美，节奏自由，变化丰富。高腔的唱法是除了打节拍外，不用乐器伴奏，此种唱法是中国最古老的唱法。川剧词句诙谐，文义颇佳，多出自名手，吸引了众多本地老戏迷。

闻厉家班由筑乘卡车到渝

　　1941年10月27日，军委会政治部　文化工作委员会的第三次地方戏剧公演，在苍坪街第二联合川剧院举行，郭沫若主席致开幕词。公演的川剧有《九龙山》、《夜奔》、《断桥》、《草诏》等，有的注重场面的热闹气氛，有的角色少而动作要求多。其中以《秋江》最为出色，此剧除要求唱和表演外，还大胆地采用背景音乐来烘托风声、水声、桨声，陪衬人物的内心活动，非常有特色。精彩的川剧表演吸引了众多爱好川剧艺术的观众，应戏迷们的强烈要求，次日，在中正路朝阳街第一联合川剧院再次公演该剧。1944

"陪都"大舞台。图为廖冰兄的系列漫画《军事第一》之《热闹入市》

年7月29、30日，中华全国戏剧界抗敌协会应戏剧界同仁之请，在会府街文化会堂举行戏剧晚会，聘请川剧名伶傅三乾表演拿手川剧，以作技术观摩研究。抗战时期，川剧演员们还创作演出了一批反映抗日救亡的"时装川戏"，如《卢沟桥头姊妹花》、《亡国惨》、《爱国魂》、《八百孤军》、《台儿庄大捷记》等。1948年1月4日，三三川剧改进社上演时装新剧《等着我吧》，此剧为该社社长王贵昌新近作品，脚本寓意深刻，穿插离奇，演员阵容强大，唱做绝妙，并请戏剧专家导演、设计。该剧采用电光布景，耗资亿万，一饱观众眼福。沙坪坝一些爱好川剧的戏迷，组织了一个沙坪业余俱乐部，每周在《中央日报》社营业站练习，锣鼓齐鸣，引来不少观众。

　　抗战时期，许多地方戏曲传入重庆，在重庆掀起了一波戏曲文化的高潮。汉剧抗敌宣传队，问艺楚剧抗敌宣传队，洪盛评剧团等相继来渝，为山城市民

厉慧良在京剧《挑滑车》中饰演高宠 　　厉慧良在京剧《八大锤》中饰演双枪陆文龙 　　厉慧良在京剧《宝莲灯》中饰演刘彦昌

1945年"8·15"之夜演出的《祥梅寺·珠帘寨》，厉慧兰饰演李克用，厉慧森饰演老军

1944年，厉氏昆仲演出京剧《四郎探母》 　　"厉家班"科生练腿功

厉彦芝先生与乐队学徒的合影

带来了丰富多彩的戏曲节目。京剧拥有中国各大都市的观众，当时入驻山城的京剧团有厉家班、刘家班、赵剧团、山东省立剧院、夏声剧校、大风国剧社等。战前，厉家班在京沪一带就很有名气，那时被称为"优秀童伶厉家班"。厉家班1938年7月至1939年7月在重庆演出，博得山城各界京剧票友和观众的好评与欢迎。1939年7月，由于日机大轰炸，厉家班被迫辗转云、贵，1945年初，厉家班斌良国剧社重返重庆，最终落户山城，为山城的京剧历史写下了闪光的一页。1945年9月1日晚八时，厉家班在较场口公演京剧，庆祝抗战胜利。重庆谈判期间，毛泽东在重庆观看了两场京剧，对厉家班的表演赞不绝口。9月5日晚，蒋介石、宋美龄在中央干校礼堂举行茶话会，为欢迎毛泽东一行，斌良国剧社（厉家班）演出京剧《三国志》

1947年戏剧广告

陪都具有浓郁的都市情怀。影剧院、舞厅、音乐会、溜冰场、朴鼻而来的十里洋场气息令陪都演绎着戏曲、茶馆、麻将、杂耍……这些熟悉的传统娱乐活动，球场、戏曲、茶馆、麻将……

助兴。10月8日晚，毛泽东离渝前，军委会政治部张治中部长奉蒋介石之命，在军委会大礼堂举行盛大欢送宴会，席间由厉家班演出《十三妹》。

京剧的特色是利用虚拟手法，如几个跑龙套的就可以代替千军万马，而使有限的舞台成为一个大战场，同时又可以用各种身段显示出房门庭院的不同位置，比如一个人由房中开门出来，下楼梯，走到院中，把拴在树杆的马牵好骑上去，不用布景家具，只需演员的手、眼、身、法、步子，以各种不同的姿态，就能准确清楚地传达给观众了，所以中国的京剧是有创造性的，是有其特色的。京剧服装为明代衣冠，具有强烈的民族意味。京剧服装中明以前的戏均用明装，清代的戏，除清帝及官吏外，其余皆着明装，寓意着反抗之意。京剧服装的界限极严，平民与贵族，官阶高低，一望而知。

厉家班合影

戏台前吸引了一大群老戏迷

六月观音得道日，清源宫中唱大戏

听音乐会

音乐是感情的自然流露，是生命的旋律。战时，国内音乐名人云集山城，为这座美丽的城市留下了一串串动人的音符，幸运的山城音乐爱好者在中国古典音乐、民族音乐、交响乐的洗礼中，感受生命的美好，在音乐的陶冶中，获得美的享受。

为纪念音乐家黄自逝世三周年，国立音乐院在抗建堂举行音乐大会，其中黄自的遗著《长恨歌》，由应尚能演唱"唐明皇"，黄友葵演唱"杨贵妃"。刘雪庵的作品演奏会也在抗建堂举行，这是山城乐坛的盛事。刘雪庵所谱的歌词，皆古今骚人墨客之名作。国立音乐院教授应尚能在演奏会中，独唱屈原的《惜诵》，李白的《春夜洛城闻笛》，李煜的《相见欢》，歌声苍劲有力，博得满堂喝彩；胡然独唱《忆南京》；李昌荪表演《中国组曲》；陈炳仁教授指挥灵均合唱团。国乐家郑曾祜、郑慧兄妹俩，在江苏同乡会举行国乐演奏大会，演奏二胡《空山鸟语》、《光明行》，古琴《醉渔唱晚》，琵琶《十面埋伏》等十余出曲目。人们陶醉在中国古典音乐的神韵中，沉醉在诗情画意的意境中，惊叹传统音乐的神奇魅力。

王琦的木刻《遍地充满了抗战歌声》

1941年，在重庆夫子池举行的抗战歌曲千人大合唱

1939年，重庆为庆祝元旦，举行露天音乐大会

1941年音乐会广告

提起马思聪的名字，重庆的老人们就会想起他所演奏的梵哑铃弦音，那优美的音韵，迷人的旋律，无法从他们的记忆里抹去。抗战的炮火洗礼了我们的音乐家，此刻的马思聪不再只是个琴手，他搜罗民间丰富的歌谣和小调，创作民族音乐，被称为中国的格林加（俄罗斯民族音乐的开山者）。1945年1月，马思聪带着他三年来的精心杰作，在青年馆举行演奏会。演奏了他生平第一部降E调交响大乐以及《西藏述异》、《西藏寺院》等曲目。交响乐共分四个乐章，主题变化有四十余个，第一个乐章描述的是炮火连天的香港。《西藏述异》则表现了边疆的民俗风情等。马思聪的音乐让人们暂时忘却了飞扬的硝烟，感受到泥土的芬芳，触摸到枯木的根脉，民族艺术的内质清晰地印入人们脑际。

中华交响乐团在一园大戏院公开演奏，第一部合奏了贝多芬的《田园交响曲》，听众在美妙的音乐中感受到溪边流水、农家宴乐和迷人的田园风光；第二部有钢琴二重奏，马思聪的独奏，黄友葵的独唱，由交响乐团伴奏；音乐会最后在《仲夏夜之梦》序曲中落下帷幕。1945年9月2日下午八时，中华交响乐团在较场口举行露天音乐会，与重庆市民共同分享抗战胜利的喜悦。中华交响乐团多次在国泰大戏院、抗建堂、青年馆举行音乐会，人们在西洋音乐中，领略到艺术的魅力：柴柯夫斯基的悲怆交响乐，使人听到忧郁者心灵的呼唤；贝多芬的交响曲，令人陶醉；温柔的华尔兹，使人想起昔日维也纳的盛况；《蓝色的多瑙河》是心的旋律……西洋音乐表达了人类丰富的情感，或高亢，或低沉，奔放浪漫，犹如驾舟海上，既有日出奇景，也有险礁风浪，令人惊心动魄，回味无穷。

观舞蹈演出

著名舞蹈家戴爱莲，曾在英国刻苦学习了九年舞蹈。抗战爆发后，戴爱莲回到了祖国，疮痍满目的大地，深深触动了她的灵魂，她将生活融入舞蹈艺术，创作《警报舞》、《空袭舞》、《思乡曲》、《塞上舞》、《拾穗女》等现代舞蹈，表达了对祖国深深的爱。当这些舞蹈亮相于正在苦难中挣扎的山城时，人们被舞蹈家轻妙的舞姿，完美的艺术表现所征服，其舞蹈表演胜似一篇激昂的战斗檄文，鼓舞了人们与侵略者抗争的士气。在这里，舞蹈不再是吟风弄月的点缀，舞蹈是激情的召唤，是生活的影子，是历史的见证。

中华民族灿烂的文明，深厚的文化积淀，为戴爱莲的舞蹈创作带来了灵感。她到康定、西藏等地考察，从边民的舞蹈中发现了民族舞蹈丰富的宝藏，中国古典舞蹈经过她的整合、改编，融入了现代舞蹈的元素后，成为了更完美的艺术。戴爱莲创造了中国的现代舞蹈，迎来了中国舞蹈艺术的辉煌。1946年3月，她和同事分别在青年馆、抗建堂、南开礼堂、中央公园艺术馆等剧场举办边疆音乐舞蹈大会。《布达拉宫舞》、《甘孜古舞》保存着唐代宫廷舞蹈的形式；羌族的《端公招魂打鬼》，充满原始的恐怖，表达原始人面对自然和死亡威胁的反抗；愉快的《安巴弦子》近似都市的交谊舞，节奏极强；《嘉戎酒会》是丰收季节的狂饮狂舞；《倮倮情歌》表达边民的如火恋情，令人如痴如醉……观众如潮水般涌入剧场，这些粗犷可爱的边疆舞蹈令国人惊叹，热情的观众按捺不住激动的情绪，无数次用狂热的掌声为优美的舞姿和出色的艺术家喝彩。

戴爱莲以舞蹈为媒介，向人们介绍了边疆的风土人情，优美的舞姿和悦耳的旋

——1946年，戴爱莲在重庆举行边疆舞蹈大会的海报

——戴爱莲跳《思乡曲》时的化妆照

律勾起人们对辽阔边疆的无尽遐想。单纯、朴素、热情的戴爱莲，是一位赤着脚从草原走来的艺术家，她用心灵的舞蹈，将民族文化的精髓表达得淋漓尽致，为当时沉寂的中国舞坛注入了新的生命活力。

翩翩起舞

看画展

战时，重庆的漫画家非常活跃，他们肩负神圣的社会使命，用绘画表现思想，含义深刻，令人深思。高龙生、汪子美的漫画《幻想曲》在中苏文化协会展出，用幻想世界讽喻现实生活，其中《饭碗》的寓意深刻："如果你愿意捧臭脚，那么你就可以吃饭了。"讽刺那些为生存而丢掉尊严的人；《儿同》，用意含蓄，"儿同命不同，年同运不同。"道出时代的畸形。漫画家廖冰兄的《猫国春秋》

戴爱莲与女儿坐在一旁看叶浅予画漫画

在中苏文协展出，画面有猫鼠百余只，或为法官，或为酷吏，各具性格，竭尽讽刺幽默之能事。张光宇的长篇神话题材漫画巨作《西游漫记》分别在中苏文化协会、夫子池新运服务所展出。漫画家叶浅予、张光宇、张文元、丁聪、廖冰兄、余所亚、沈同衡等集合精作百件，在中苏文化协会举行"漫画联展"，针砭现实，讽刺世态，慕名前往者挤满展厅。成都漫画家谢趣生携《新鬼趣图》来渝，在新运总会展出，有《序幕》、《田园交响曲》、《孤愤篇》、《宦海图》等百余幅作品，其取材于现实，充满讽刺意味，令观者赞不绝口。

西游记中的一个精彩镜头：在富士山前，孙悟空以原子弹巧胜东洋鬼。图为张光宇的漫画《西游漫记》

被称为艺术中心的"陪都"，经常举办美术作品展，人们在艺术的熏陶下，提高了文化修养和审美能力。1944年5月，中华全国美术会在两浮支路中央图书馆（今重庆图书馆）举办全国美展。其展览作品皆为全国名家的精品之作，其中有徐悲鸿、陈树人、陈之佛、傅抱石等70多位画家的国画200多幅，有吕斯百、秦宜夫、黄显之等人的油画，汪月章、林风眠的水彩画，王临乙、张建关等人的雕刻作品。徐悲鸿的《牛》描绘精致、陈树人的《杏花春雨天》最为美丽、秦宜夫的《农民节》颇具地域色彩，艾中信的《捷报》表现了当胜利的喜讯传来时，人们激动、兴奋的场景；

1945年，漫画展《幻想曲》广告

重庆观众在参观漫画展

陪都具有浓郁的都市情怀。影剧院、舞厅、音乐会、溜冰场、台球、高尔夫球场、麻将、杂耍……朴鼻而来的这些熟悉的传统娱乐辞、扬戏曲、茶馆、十里洋场气息令市

张大千的敦煌临摹画，图为敦煌莫高窟第五十二窟，宋代壁画，甘露供养菩萨

张大千的敦煌临摹画，图为敦煌莫高窟第二十八窟，五代时之回鹘国圣天公主曹夫人像

盟军寄来的水彩画《农夫播种》引人注目。张大千的敦煌临摹画，在中央图书馆展览，参观者络绎不绝。张大千埋首于塞北的沙漠地带三年，带回珍贵的敦煌临摹画，让人们一睹了敦煌艺术的魅力。这些临摹画让我们看到了中国古代艺术发展的轨迹，正如张大千自己的评价——"夏魏的线条是粗而刚，迨唐则细腻逼真。"中国古代绘画艺术的魅力令人惊叹。易琼女士的画贴近社会生活，《补锅》、《缝衣》、《轿夫》、《洗衣妇》、《修车》、《为迷信服务的人》、《赌博》……一幅幅熟悉的市井生活吸引了山城百姓，这些在十字街头、茶馆、窗前、贫民区等地画的速写，生动逼真地记录了重庆生活，令人难忘。

老风尚

不黄不黑不红不白的舊鞋新估價 　　近代科學知識的灌施

不能囤積無法居奇的百貨 　　善於說世故的青城老道

张文元漫画《较场口轮廓》

老风尚

陪都具有浓郁的都市情怀，影剧院、舞厅、音乐会、溜冰场、网球场、高尔夫球场、扑鼻而来的十里浮场气息令人陶醉，戏曲、茶馆、麻将、杂耍……这些熟悉的传统娱乐

89

阶部具有浓都的都市情怀。影剧院、舞厅、音乐会、溜冰场、海球场、高尔夫球场、十里洋场"的这些熟悉的传统娱乐场、朴鼻而来……这些熟悉的传统娱乐

老风尚

【右上格】
——他生卖烟水答。誰敢说他不『坚持』『中将』阶级的人物,对它惊叹。一个月的进帐也却变不改,而跑去加尔各一一这他着持坚生意买卖』——

【左上格】
喂!你这猪兑买成好多钱?』走路——张四娘难然包括几百担谷的粮绅,但却看着她这个像似作伙中心,猪兑肥肥的如瘦柴。在心裏发笑。

【右下格】
吃水烟兜斗那种文雅安闲,但他也那一种特殊风态,不难比能咬雪茄及街烟。外行人拿起来就不免『露怯』(有人说他是位『神气』的工架)。这位先生一朝一夕的贵格吗。

【左下格】
在『司綢克』根一着街他會誤要不萬千你越桿烟。呢『兒桿烟長』根一是這,弄玩着顯越就人的桿烟點燃,高越份身的人長配裝的價身高增個一遠了明發誰。微低位那着向的地投體五是我。物糧紳

高龙生漫画《乡场人物》

《巴人汲水图》局部　　徐悲鸿在重庆画的国画《巴人汲水图》

老风尚

陪都具有浓郁的都市情怀。影剧院、舞厅、音乐会、溜冰场、网球场、高尔夫球场、"扑鼻而来"的十里洋场气息，陶醉、戏曲、茶馆、麻将、杂耍……这些熟悉的传统娱乐

陪都具有浓郁的都市情怀。剧院、舞厅、音乐会、猫冰场、溜冰场、扑鼻而来的十里洋场气息，高尔夫球场、球场、戏曲、茶馆、床铺、杂耍……这些熟悉的传统娱乐

廖冰兄漫画《猫国春秋》

1947年李流丹所作木刻画《北碚一角》

传统娱乐

坐茶馆

重庆的茶馆向来很有名，几乎每条街上都有一两家，多至七八家不等。夏天黄昏时，凉风渐起，人们往靠椅上一躺，一边品着浓浓的沱茶，剥着微带卤味的葵瓜子，一边谈论天下大事，他们暂时忘记了生活的艰辛，忘记了社会的丑恶。卖报的、卖糖果的、擦皮鞋的，也穿梭于其间，以便茶客随叫随到。小公务员、工人、苦力们试图以这种短暂的闲适舒散心头的苦闷，排遣整天劳碌带来的困倦，冲淡严酷的社会现实带来的精神压力。在这里，茶客们不但可以发泄满腹牢骚，更可传递喜悦，茶馆的"龙门阵"成为老重庆人生活的重要部分。中央公园的"长亭"是一家历史悠久的茶社，老重庆人常聚在这里侃东西南北，道古今中外。张家花园的"蜀林茶社"，布置得非常幽雅，并向茶客提供各类书报、杂志，光顾这里的大多是文人墨客。在茶馆品茗，听重庆方言，排遣长夜的寂寞，其间，情趣令人回味无穷。老重庆人在"龙门阵"中细品生活的原汁原味，在"说书场"中感受山城的文化情结。说评书是重庆茶馆招徕茶客的传统节目。讲评书之老先生大多以传统的历史演义为说书底本，偏重剑侠神怪类的故事，不外乎《彭公案》、《封神榜》、《七侠五义》之类的老本子。抗战时期，一些为生活所迫而改行说书的文人，为说书行业注入了新鲜的血液。他们不愿重复茶客们厌倦的老话题，独辟蹊径，采用《天方夜谭》之类的世界名著做评书底子，并且经常将发生在"陪都"的一些名人逸事串联成篇，常常赢得满堂喝彩。徐悲鸿爱吃火锅的故事便是通过说书先

———— 坐茶馆，打"长牌"

———— 在茶馆品味人生的酸甜苦辣

设在公园内的茶馆

在龙门阵中品生活滋味

茶馆一隅（采自阿龙的漫画《巷尾所见》）

生传遍重庆城的。"龙门阵"的都市情结与评书的文化氛围流行在整个山城，形成了风行一时的"茶馆文化"。

  作为文化中心的沙坪坝，学生茶馆盛极一时。短短的一条沙坪坝街，一共只有130多号门牌，其中茶馆就占了11个，常客大多是重大和中大的学生。每天下午五点至晚上十点，是茶馆最热闹的时间，聊天的、打桥牌的、看书的……都拥向茶馆，这里成了学生们聚集的重要场所。其中，吸引力最大的，首推拥有250多个座位的"九久露天花园"，来晚了的人常无座位。"育灵"、"计源"几家较大的茶社安置了靠背椅，大考前夕，这里从早到晚，座无虚席，学生们把茶社当做图书馆，带着书本到这里阅读。北碚体育场旁的露天茶社，可以悠闲地远眺嘉陵江景，附近的学生也常在这里聚会、看书、休闲。文化区的学生茶馆不仅在热闹的街市占有一席之位，校园一角雅致的学生茶园，更是学生活动的中心地区。中央大学的学生茶馆，坐落在松林坡一条通向汉渝路的公路旁，竹席搭棚，设有好几十张桌子，四周围配以凉椅。重庆大学茶园设在理学院后面的花园地带。四川省教育学院的茶园设在图书馆旁边，小足球场的坎上。这些茶园都有树荫遮阳，为人们的生活增添了许多雅趣。接受新式教育的女同学也一样出入这里。学生们在此看书、学习,每遇大学联合统一招生时,这里考生云集,泡上一碗茶,坐在凉椅上复习功课,晚上,还可以租作住宿,过上一个通宵。也可以在此小聚或召开同乡会,交流情感。爱国学生借此宣传抗战,议论时局,因此,也招来了当局"休谈国事"的禁令,中大学生茶馆就有这样一副妙联:"空袭无常,贵客茶资先付;官方有令,诸位国事休谈。"学生茶馆为山城注入了生机与活力,这群年轻的朋友,为山城留下了浓墨重彩的一笔。

搓麻将

战时重庆,赌风颇盛,竹战之风也盛行。虽然当局三令五申禁赌,但没有更好的娱乐方式代替,难收实效。"陪都"人对于麻将有自己的理解。麻将是消磨时间的好方式,70岁的老太太,每天戴上老花镜,约几个老姐妹,在家里摸几圈,输赢千八百,以打发寂寞的光阴。许多闲在家里的太太小姐们,发现竹牌世界比现实生活更丰富精彩,整天沉迷于方块游戏中,试图以此填补内心的空虚。麻将也是联络感情的重要纽带,每逢节假日,人们走亲串友,以竹战作为聚会团圆的娱乐方式。忙碌奔波的生意人,与合作伙伴相约于麻将场,在娱乐中打通业务关系,获得更实惠的利益。军政人员,善于在麻将桌上联络工

闲在家中的小姐们沉迷于方块游戏

作感情，沟通上下左右的关系，以此为晋升打基础。麻将是一种赌博工具，有的人纯粹为赌博而赌博，他们在桌上面对钱，赌徒的"使命感"油然而生，有些赌品不好的，输了钱，唉声叹气，甚至拍案暴跳，他们为赌钱而赌钱，结果必然失败。

通宵达旦地忙于竹牌大战的人们。图为马得的漫画《两种不同的生活方式》

山城赌风。图为高龙生的漫画《农村万象》

打麻将在"陪都"重庆非常盛行，它既是一种赌博行为，也是一种娱乐方式；它既是一种赌博工具，也是一种消遣玩具。麻将的赌注随物价涨幅而波动，1944年，"陪都"一场牌输赢以万金计算，属平常事，"太太集团"的小麻将没有一两万元的赌本根本不能上桌。与此同时，在平常百姓家里，打麻将的最大胜负不及两斤猪肉的价钱，不过这种"穷开心"一样可起到消遣娱乐的作用。面对高涨的赌注，弥漫的赌风，"陪都"舆论界有人提倡卫生麻将之说，认为风雨之日，与其踏着泥泞的道路，列班鹄候公共汽车，外出找娱乐，不如在家打八圈小麻将，所耗费的时间、精力、金钱是相等的。被剔除赌博性质的麻将，既能使思维更缜密，又可联络感情，消除烦恼，变为一种纯粹的正当娱乐。但没了刺激的娱乐似乎不太合乎大多数"陪都"人的口味，被麻将玩弄的人比比皆是。"陪都"人对麻将的热衷，实属罕见，上自达官贵人，下至贩夫走卒，闲来无事，都喜欢摸它八圈。家家窗前雀战盈耳，许多人见面问候时都爱问："输赢如何？"

观杂耍表演

雾季，日机暂停轰炸，杂耍班趁机游走于乡间，掀天的锣鼓声，竖在半空随风飘扬的班旗，吸引了一大群围观者，这里又恢复了往昔的热闹。头梳小辫，身披红棉袄，腰系绿丝条的俊俏姑娘首先登场，她擅长各样武技，跑马走索，转坛登梯，无不精熟。健壮的汉子抱拳亮相后，将头侧卧在垫成桥形的两方薄砖上，头部上侧太阳穴再放六块厚砖，由场外围观者推举出一位当兵的弟兄，临时担任扶正砖头的工作，以作见证人。班子里出来一位高个子，手拿重约二三十公斤的铁棍，站在凳子上，向大汉头上重重地一击，八块砖同时断碎，但他的头却毫发无损，惊心动魄的表演，赢得满场喝彩。一些胆小的女人，双手

民间杂耍艺人的表演吸引了一大群围观者

土家族民间艺术——阳戏

陪都具有浓郁的都市情怀，影剧院、舞厅、音乐会、溜冰场、网球场、高尔夫球场、戏曲茶馆、麻将、杂耍……这些熟悉的传统娱乐陶醉"扑鼻而来"的十里洋场气息令

1945年，华侨国术马戏团广告

街头杂耍表演。（采自张文元的漫画《较场口轮廓》）

掩面，偷偷从指缝里窥视刚才那令人惊悸的一幕。散场后，调皮的孩子怀着好奇的心情在那位拳师的太阳穴上轻轻抚摸，试图得到被重击后却完好如初的答案。杂耍艺人高超的技艺，吸引了在场的所有人，老人们回忆当年观杂耍表演的场景时，仿佛就发生在昨日。

都市中的戏班成员身披西装，挂上某某马戏团的招牌，凭硬功夫博得观者掌声。把人抛至半空中的"空中飞人"，令人心惊。靠一柄雨伞或一根竹竿平衡重心，在钢丝索上行走自如的"走钢丝"，令人喝彩……这些中西合璧的马戏表演令国人大开眼界。华侨国术马戏团在较场口新建演场，全体男女团员周游欧美回国，为国人带来精彩的表演，第一期推出的节目有鹰斧飞刀、银线双星、高竿绝技、大翻车轮等；第二期推出的节目有西欧马术、迎风飞燕、高竿飞舞、滑翔飞行、骏马独练、凌空倒立、飞渡对换等；第三期推出的节目有皮条飞舞操舞、欧美驰马练马术、高竿奇技险翻天、新式滑稽车轮、空中倒立空中飞人、华侨国术马戏团丰富多彩的表演轰动山城，让人叫绝，令人兴奋。大中华马戏团在抗建堂的演出，场场客满，颇得"陪都"各界好评。

虽然不久前日本轰炸机袭击过此地，但坚强的山城人在短时间内又使这里恢复了往昔的景象，依旧繁华如初。战争没能消灭这座城市勃勃的生机，乡间的传统杂耍表演，与城区中西合璧的马戏表演，为这座城市带来了喜悦的气氛，带来了似火的激情。

秀山高台花灯（杨绍全）

土家族民间艺术——采龙船

民间演出——关老爷

土家族民间艺术——芭谷灯戏

老风尚

陪都具有浓郁的都市情怀,网球场、高尔夫球场……影剧院、音乐会、话剧厅,"朴鼻而来"的十里洋场气息令陶醉,戏曲茶馆、麻将、杂耍……这些熟悉的传统娱乐

98

陪都具有浓郁的都市情怀。影剧院、舞厅、音乐会、溜冰场、滚球场、高尔夫球场、扑鼻而来的十里洋场气息令市滩戏曲茶馆麻将、杂耍……这些熟悉的传统娱乐

民间舞蹈

马戏团的魔术表演：勿忘国难家仇

老风尚

体育运动

生长在山城的人们热衷体育运动，展现着健康积极的生活态度。溜冰、游泳、打网球、打高尔夫球、打排球、打篮球……无所不有。

民族路会仙桥附近的华府溜冰部装饰得很是气派，溜冰是一种新奇的运动，吸引了时尚的年轻人，他们脚踏八个轮子，在狭小的天地，互撞互跌，前扑后倒，尽管无数次跌跤，但都没能阻碍他们对这项摩登运动的热爱。1946年6月22日，中央公园溜冰场举行开业典礼，好奇的市民从四面八方聚集，美丽的花篮与随风飘扬的粉红色绸带将剪彩现场装扮得非常漂亮，精彩的溜冰表演尤为引人注目，滑动的"风火轮"博得了人们阵阵掌声。中央公园溜冰场是公共篮球场改建的，开业后，生意兴隆，前往尝试者非常踊跃，虽然衣服被弄破，身体被摔伤，但他们仍然喜欢这种天旋地转的感觉。临江路的望龙门溜冰场，池小人多，拥挤不堪，尤其是"禁舞"期间，狭窄的场地几乎成了山城人的"乐园"。1947年10月10日，望龙门溜冰场于午后二点举行化妆溜冰表演，

1946年，中央公园溜冰场广告

1939年，重庆市各中学举行联合体育表演大会，各省市均有学生代表参加。图为学生们表演的丹麦操

男女演员共 50 多人，节目非常精彩，轰动了山城，前去观看者络绎不绝，激发了更多人对溜冰的兴趣。沙坪坝的溜冰场别出心裁，以独特的风格吸引青年学生，"九久"的门面装饰得非常豪华，并在顶棚安装了富丽堂皇的玻璃灯，伴随着音乐，人们在场子里疯狂热情地飞舞。"重庆农场"透出宁静的乡村气息，人们不仅可以在这里溜冰，还可以弈棋垂钓，读书品茗，其乐无穷。

喝两江水长大的重庆人，大多擅长游泳。炎热的夏季，在长江、嘉陵江边，常可看到成群结队的人们在水中矫健的身影。"陪都"体育场游泳池、青年会游泳池、南温泉游泳池、

《新华日报》社举行的篮球赛

北温泉游泳池，更是热闹非常。1941 年 6 月 21 日，新运总会市体育协进会主办水上运动会，在生生花园嘉陵江面举行。水上运动会的第一个节目是自由泳横渡嘉陵江，随后依次是仰泳横渡嘉陵江，跳水表演以及由重大学生表演的水上接力赛、水上游戏等。水上运动会吸引了被两江环抱的重庆人，江边观望者众多，场面热闹壮观。

东方足球队曾在川东师范中华体协会运动场（今文化宫一带）与"陪都"球迷见面，"东方队"分别与"中流"、"交通"、"沪星"、"渝联混合队"

1940 年 12 月 4—8 日，重庆市国术表演比赛大会，有摔跤、举重、搏击、劈剑等项目及表演赛，左图为击剑表演，右图为摔跤比赛

1939年，重庆市各中学举行联合体育表演大会，各省市均有学生代表参加。图为五百童子军表演团体操

作战，五千多观众挤满了赛场内外，狂热的球迷不停地呐喊、助威，为比赛增添了热闹的气氛。

全国体育协会重庆分会举办男女排球比赛，参加球队有"幸运"、"监政"、"社会部"、"永利"、"工务局"、"中青"、"中农"、"中广"、"中组"、"魔队"、"审计部"等12队。参加球队分甲、乙两组，在川师校体育场举行比赛。夫子池有周末球赛，重大体育系"嘿尔斯队"对"市女中"和渝市久负盛名的"金工队"对"复活队"。1945年2月13日美空运大队到渝后，首场比赛对"良华队"，在川东师范市体协篮球场举行。14日，美空运大队的第二次表演赛，与美海军比赛，这场表演赛吸引了"陪都"名流，现场气氛热闹。

网球运动是一种贵族运动。中央公园内，配有网球场、高尔夫球场、休息室等现代设施，重庆各界名流经常相聚于此。在这里，打球既是一种时尚运动，

1939年，重庆市各中学举行联合体育表演大会，各省市均有学生代表参加。图为开幕典礼

1906年兴办的川东师范学校，"陪都"许多重大体育比赛在该校体育场举行

又是身份和地位的象征。两路口跳伞塔球场曾举行网球表演赛，由中国网球名将李惠堂、凌道扬对美国好莱坞网球冠军，重庆上流社会人士趋之若鹜。陈立夫在闲暇时，除经常和家人打高尔夫球外，也常在社教附中大操场打网球，球场陪赛的太太小姐们，不停地为他精彩的球技喝彩。

1944年8月14日，中华全国体育协会重庆市分会为庆祝空军节，曾特邀美驻华篮球队与军校校友队，在川师体育场举行联欢比赛，美国队集合驻渝名手出场，这是驻渝美军的首次表演，盛况空前。1944年8月16日，中华全国体育协会主办中美篮球赛，在川东师范体育场举行，美国队员由美国驻中、印、缅陆军总部篮球队挑选精锐队员组成，队员们分别从印度、昆明、成都等地齐集"陪

在中央公园晨练

1941年裕华厂女工做团体操

1940年元旦，重庆市民体育表演大游行，图为游行行列前导队经过市区的情况

都"。我国队员有王玉增、王世选、任相成、史麟生、梁蕴明、郑大光、廖涤航、李国堂等，皆为国内篮球名将。球赛开始前备有军乐，并举行开球礼，这场比赛让重庆市民一睹了篮球国手的风采。

为促进市民健康，提高运动兴趣，"陪都"多次举办市民运动大会、锦标赛、体育表演等，市民们聚焦运动会，积极地参与游泳、乒乓球、篮球、田径、举重、拔河、踢毽、跳绳、自行车赛、风筝、团体操、国术等比赛，比赛现场的热闹气氛使这座古老的内地城市充盈着生机与活力。

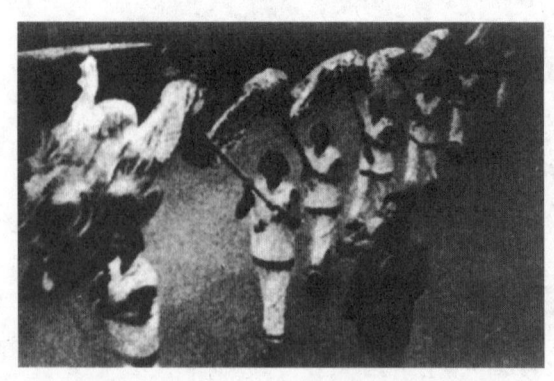

抗战精神总动员大会体育游行

抗战精神总动员大会点燃的圣火

休闲方式

进歌舞厅

重庆人欢迎来自上海、满身"洋味"的上海人，享受霓虹灯下的夜生活，争相追逐"海派"舞女。他们痴迷于歌声、笑声、皮鞋声，陶醉于迷人的舞姿、闪烁的彩带与醉人的情调，在迅速崛起的"盟友"、"国际"、"扬子江"、"凯歌归"、"夜花园"等不夜城中，留下他们狂欢的身影。

青年路的盟友联欢社，即前"白玫瑰"旧址，由英国运来的各种西洋乐器装备乐队，其舞池灯光以红蓝绸蒙于屋顶天花板上，色调鲜艳，花篮遍置厅内。舞池高于地面，像一个独立的舞台，披全狐皮草于肩的舞女狐步舞池中，与舞客尽展娴熟的舞艺，悠扬的音乐飘出窗外，路人寻着乐声窥探迷人的歌舞宴。

民族路的国际俱乐部以音乐制胜，乐队聘请美籍华侨A.T任指挥，其间插有"吉他"弹奏，旋律悠扬，歌声曼妙，令舞者神往。"国际"的舞女是来自沪、昆、蓉的名角，舞池宽阔，曾容纳近千人同台歌舞，创"陪都"之最。酒吧间罗列各种名贵洋酒，价格高达数千万元。"陪都"的富豪巨子整夜陶醉在灯红酒绿中，享受眩晕迷醉的快感。"国际"的舞厅楼上是装修豪华的西餐馆，备有家庭式的厨房，一对对狂欢后的舞友意犹未尽，来到这里，频频举杯，不醉不归。

走进扬子江音乐厅，犹如置身西洋歌场舞榭。音乐台旁的排名牌，高挂舞女芳名，照红、绿、白三色灯光，显得格外耀眼。在联友乐队的伴奏下，舞乐缓缓飘来，让人浮想联翩。钢琴的优美旋律随着琴键流泻于舞池，更令人陶醉。"扬子江"招港沪新秀献舞，聘上海当红歌星演唱流行歌曲，请舞蹈名家钱宗敏先生表演摩登舞、拉丁舞助阵，不仅城区舞迷为之兴奋，几十里外的舞迷也闻风赶来捧场。每逢周末，这里人影婆娑，人人陶醉。

重庆俱乐部拥有一流的弦乐队，小提琴师沈克明的独奏，更是脍炙人口。俱乐部的音乐台背景为活动景，晴天灯光幻景

从上海吹入重庆的舞风

配轻快的音乐,月夜及星辰灯光幻景配慢音乐,以调节舞者情绪,使音乐、布景、舞蹈融为一体。交际花们身穿短袖旗袍,穿梭在人群中,以"海派"方式答谢捧场者。舞蹈名家钱宗敏及其高足王英身着晚礼服表演探戈及华尔兹,博得阵阵掌声。在"夜花园"观名舞女丽娜的表演,在"合众"赏广东民乐,舞客乐此不疲。

舞蹈名家钱宗敏带来了使人疯狂的"伦巴"、"华尔兹"、"探戈"、"快狐步"……精彩的舞蹈表演将重庆舞风推向高潮,迎来了舞场盛事,舞会也随之进入了各类酒会和私人聚会,成为社交的重要内容。

人们在歌舞厅留下狂欢的身影

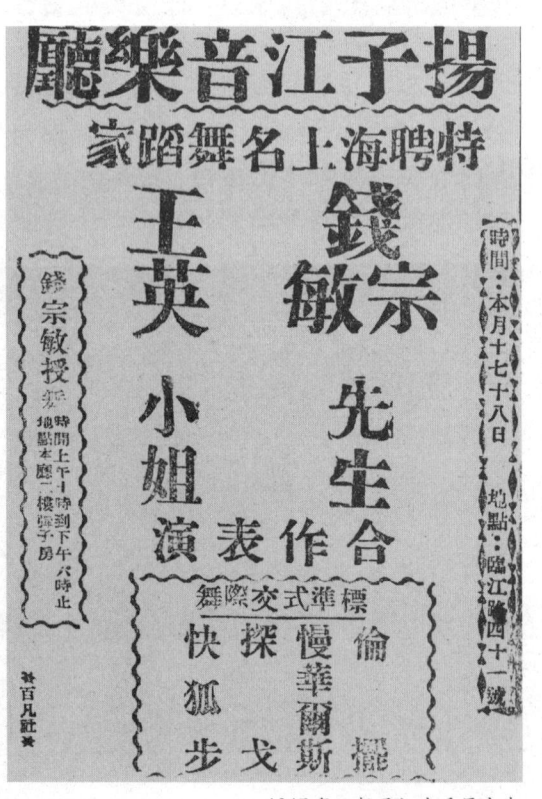

1947年,扬子江音乐厅广告

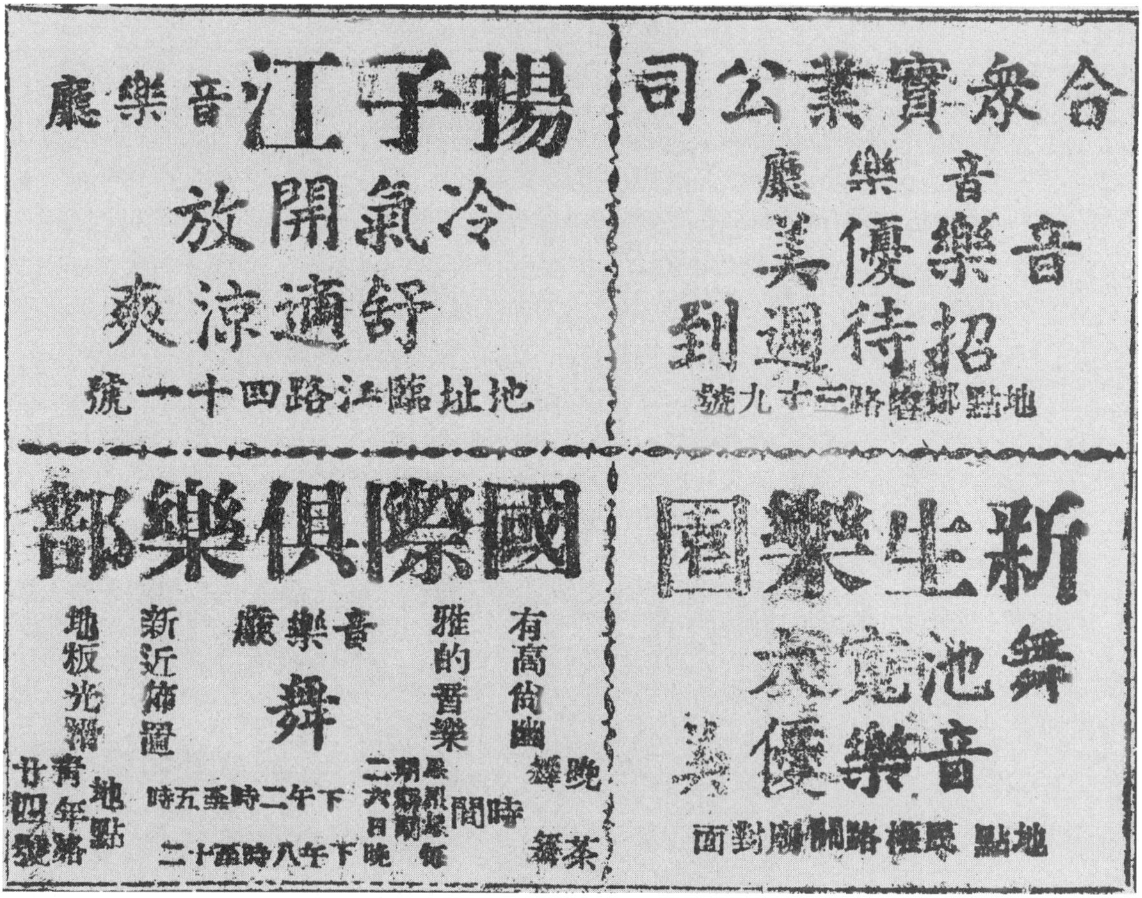

107

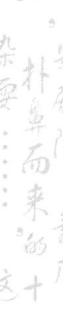

合眾寶業公司 音樂廳 音樂優美 招待週到 地點郵政路三十九號	揚子江音樂廳 冷氣開放 舒適涼爽 地址臨江路四十一號
國際俱樂部 舞 音樂廳 有高尚的音樂 晚間茶舞 每晚期二六日 新近佈置 地板光滑 地點青年路廿四號 下午二時至五時 下午八時至十二	新生樂園 舞 池寬大 音樂優美 地點懇椿路開劇對面

1947年，音乐厅广告

疯狂的舞曲

重庆舞迷追逐风情万种的"海派"舞女

（左侧竖排）陪都具有浓都的都市情怀，刘创院、舞剧厅、音乐会、溜冰场、球场、高尔夫球场、茶馆、麻将、杂耍……朴素而来的十里洋场气息令市民辟戏曲、这些熟悉的传统娱乐

老风尚

登山　逛公园　泡温泉

　　重庆是一座风景秀美的城市，有苍翠的群山，有闻名遐迩的温泉。生活在都市里的人，在嗅够了油烟煤气之余，向往苍翠的山林，渴慕自然的怀抱，他们在远郊释放生存的压力，触摸自然的脉搏，感受生命的动力。

　　缙云山在国人听来并不陌生，住在"陪都"的外侨，也慕名驾车去欣赏美丽的世外桃源。这里有崇山峻岭，峭壁悬崖，高约十华里的羊肠曲道，路旁是荫郁参天的老树，劲节挺枝的翠竹。缙云山上有田有水，盛产全国独有的甜茶、刺激性强气味清香的毛茶、用红豆树制成的"相思杖"。游览缙云山的人，爱买甜茶、毛茶和"相思杖"，送给国内外的朋友作纪念，缙云山的美名也因此传遍了世界。重庆是战时国府的所在地，中央要人在心绪纷乱的抗战时期，羡慕世外桃源的轻松与快乐，在闲暇之余，也登缙云山，舒畅身心。由此，缙云山曾一度游人云集。

　　汪山距城约十余里，从海棠溪去汪山，有马路直达。每逢周末假日，汽车云集，盟友亦偕吉普女郎三五同游。非有车阶层可以由望龙门过江到达，有滑竿坐，有马骑。春秋佳日，一路上可遇见许多情侣。汪山有两座茶亭，供游人休憩酣卧，一个在新开辟的游泳池旁，石桥蜿蜒，另一个在比较幽静的放牛坝里，松树参天，蝉声唧唧。春日桃李争妍，夏日绿荫

缙云山一角

陪都具有沈郁的都市情怀。影剧院、舞厅、音乐会、溜冰场、辟球场、高尔夫球场……朴鼻而来的十里洋场气息令市辟戏曲、茶馆、麻将、杂耍……这些熟悉的时光煨乘

缙云山山田

重庆中央公园

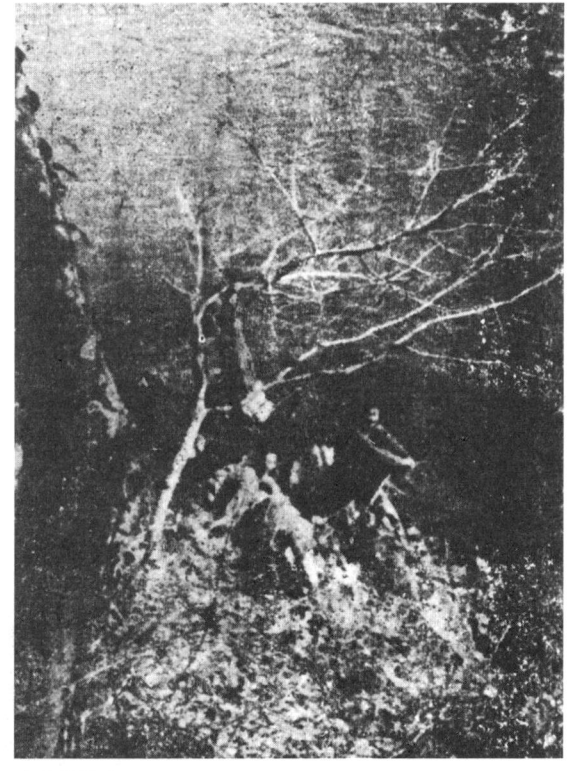

南温泉风光

北温泉游泳池

深深，春夏之交，处处开遍蔷薇，芬芳四溢，游人感叹烟雾迷漫的山城，竟有如此佳景。有欧式小洋楼立于松林中，白色围墙从路边起，围松林于内，路面平坦，马路直抵门内。也有充满泥土味的农庄，门边种了几畦豌豆、蚕豆，竹篱内吠声时闻，令人有似曾相识的感觉。

北泉公园，一排排宝塔松，矗立在公园入口处的道路两旁，一丈多高，青翠可爱，阳光照耀的日子，在公园的林荫道上漫步，惬意无比。北泉公园的名胜古迹甚多。温泉寺，刘宋景平元年创建，赵宋赐额叫崇胜禅院。接引殿，明代的建筑，殿里有明清时显贵的留题石刻和浮雕盘龙香炉。铁瓦殿，全殿的瓦，都是铁做的，上面留了信士的姓名，其上盖了琉璃绿瓦，光彩夺目，殿旁有一株300多年的老紫薇，殿中的白石大佛，法相庄严。宋代石像，有11尊罗汉，存在庙后山脚下。乳花洞，全洞曲折，有许多地方只能容一个人走过，全由乳花岩石构成，洞里有许多倒悬钟乳。菱亭，是用棕做的，藏在数帆楼和游泳池的竹林里，要细心

中央公园的亭台楼阁

在重庆，滑竿是登山的交通工具

才找得到。古香园，有用树根做的小桌，在这里喝茶、休息，别有风味，旁边有塔院、宋墓、佛龛，勾起人们怀古之幽思。公园内有一个图书馆，是南京中国辞典馆馆长杨家骆办的，藏有从南京运来的书籍和收藏的木刻，全馆藏图书六万多册，另外还陈列了部分杨先生收藏的宝珍古物。温泉游泳池在公园南端，是石灰泉，温度为37摄氏度左右，与人体的温度相仿，春夏秋三季可沐浴游泳，每年远近各地来沐浴游泳的有几十万人。园内还有皋亭、听泉亭、戏鱼池、爱莲池等亭池。北泉公园的古朴美丽，缙云山的云雾缭绕，嘉陵江的澎湃潮声，融汇在一起，引起人们无穷的遐想。

春光明媚的南温泉风景区，游客如云，那里桃李盛开，百花争妍，人们争相前往赏春，驻渝盟军也结伴寻找春意。游客们垂青于南泉十二景：南塘温泳、虎啸悬流、弓桥泛月、滟滪归舟、花溪垂钓、石洞探奇、五湖占雨、三峡奔雷、小塘水滑、峭壁泉飞、建文遗迹、仙女幽岩，这些具有古诗意境的美妙景色令游客们叹为观止。南温泉游泳池在南泉公园前面，大门上挂着镌有"温泉"两字的横额，这里水温较高，常在44摄氏度，终年不变，冬季沐浴游泳，毫无寒意。温泉水富含硫黄，可治皮肤病。游客们在赏完醉人的美景后，喜欢泡在温泉里，享受大自然给予的恩赐，涤荡被都市尘嚣污染的身心。夏夜的温泉公园，更显幽丽怡人。一对对恋人，手拉手在林荫下散步；一群群年轻人，在茶馆、露坝中喝茶、聊天；河中的小艇上，人们拂去烦闷，尽情感受河水的清纯，享受荷花的芬芳。凉风轻轻地吹来，歌声、笑声、流水的低鸣，编织了这夏夜的神秘和美妙。这里，使人忘掉痛苦，澄清内心的烦恼与忧愁，增加生存的希望和力量。

中央公园位于城区后伺坡（今人民公园路），依照苏州园林风格设置亭台楼阁、池石花木，其间还设有网球场、阅报室。重庆市立通俗图书馆设在中央公园内，有座位145个。每逢休息日，人们带着一份闲适的心情，走进中央公园，漫步在曲折的坡道上，路边"汽枪打靶"的招牌前，围着许多摩拳擦掌的孩子们。凉亭里有人摆下棋局，围观者挤得水泄不通；看相测字的，也聚在这里，满口喧嚷着一些深奥的术语。草坪上，有人在看书、聊天，运动场上，有人在练功、滑冰、打球。长亭茶社具有悠久的历史，人们在这里要一杯沱茶、菊花或野玫瑰，一边品茗，一边俯瞰浩荡的长江，仰望南岸绵延起伏的山峦。每天，近十万的市民，到这里散步、看书、饮茶、休憩，这里看不到复杂、肮脏的交易，听不到车水马龙的喧嚣，人们试图让积压在胸腑里的郁闷、烦恼，在这块净土一股脑儿地排放出来。

通往南温泉的车站，就在花溪河码头旁边

　　在厌倦了汽车、轮船和单调的方形建筑之后，人们把目光转向中央公园的动物。那里有虎、豹、骆驼、狗熊、刺猬、野牛、野猪、猴、鹦鹉、狼、鹤、金鸡、鳄鱼、娃娃鱼等，这些奇禽异兽，满足了人们猎奇的心理。高大的骆驼，像一座黄色的山峰，屹立着一动不动，它用温顺的眼神表明自己的好脾气；好动的猴子，无休止地跳跃着；凶猛的老虎，嘴里发出唔唔的吼声，在囚笼里不停地跑动；两只金鸡被关在一个笼子里，不停地摆动轻盈的翅膀；玻璃橱里的大蟒蛇蜷伏着……身居内地的重庆人被这些珍奇动物吸引，每遇星期日，许多大人带着小孩前来观看，将动物园的木栅栏挤得水泄不通，他们对这些从未见过的动物充满了好奇，他们渴望了解新奇事物，渴望看到更精彩的世界。

在南温泉花溪划船的游人

112

陪都具有浓郁的都市情怀。影剧院、舞厅、音乐会、溜冰场、朴鼻而来的十里洋场气息令市球场、高尔夫球场……茶馆、麻将、九歌……杂耍……民众熟悉的洗去娱乐形式戏曲

南温泉神仙洞

小泉游泳池

山间小径

花溪飞瀑

老风尚

泡温泉的女孩（采自《李流丹版画》）

学生们在北温泉千顷池游泳

老风尚

陪都具有浓郁的都市情怀，影剧院、音乐厅、舞厅、网球场、高尔夫球场……朴鼻而来的十里洋场气息令人陶醉；戏曲、茶馆、麻将、杂耍……这些熟悉的传统娱乐

114

陪都具有浓郁的都市情怀。影剧院、舞厅、音乐会、溜冰场、球场、高尔夫球场、朴鼻而来的十里洋场气息，合市陪辞、戏曲、茶馆、麻将、杂耍……这些熟悉的传统娱乐

北温泉公园大门

在黄葛树下小憩

春秋佳日，南山游人络绎不绝

在重庆，滑竿是登山的交通工具。（采自高龙生的漫画《滑竿》）

洋节　洋酒

过西方节日

　　重庆开埠，西方思想文化随之逐渐传入这个内地城市，使青年学生接触到"上帝"、"基督"、"圣诞"等新名词，对西方文化充满了好奇。1939年12月25日，西方"圣诞节"，中央大学、重庆大学、南开中学的学生在校园内举行化装舞会，大家沉醉在优美的旋律里，完全忘记了疲劳和窗外的严寒。学生们用大蛋糕、圣诞蜡烛、圣诞卡片等地道的西方元素庆祝圣诞节，他们以此种方式传达对西方文化的热爱。

　　圣诞节为"陪都"蒙上了一层美丽的色彩。冠生园用白帽蛋糕和美丽的花篮装点门面，将儿童玩具和糖果扎在一起，"白雪公主"的图画再加上几块牛奶糖，尽管价钱比平时贵许多，可是顾客仍络绎不绝。都邮街、林森路、小什字、两路口、民生路一带公司行号及糖果店橱窗内均有"圣诞配备"：背大礼包的圣诞老人，闪光的银条，白雪纷飞的棉花条等鲜艳夺目的圣诞礼品。华华公司从不落后于人，他们用雪白的棉花陪衬圣诞老人，高贵的衣料被点缀得格外夺目。餐厅、酒楼在店堂内加设音乐台，并在台前扎上美丽的圣诞树，吸引了众多聚餐者。基督信徒们忙着举行庆祝仪式，并准备了许多送给朋友和孩子们的圣诞礼物。戴家巷福音堂，40多名教徒演唱圣诗，祈祷抗战胜利，听众挤满了礼堂，礼堂外的窗前也站满了好奇者。

　　四月一日是西方的"愚人节"，这一天任何人都可以以任何方式愚弄别人，即使对方素不相识，也可能遭遇愚弄。"愚人节"是欧美人为缓解一年的工作压力，使人们在长久劳碌后，得

—— 圣诞老人与可爱的小男孩。图为1947年圣爱娜糖果店广告

重庆街头的圣诞老人

到短暂的轻松和解放而订立的节日，因此，愚人节这一天，所有愚弄者都会得到被愚弄者的谅解。这种风俗，在深受欧风影响的"陪都"，也逐渐盛行，尤其是学校的学生们特别喜欢这种新奇的交流方式。

1945年4月1日，西方"愚人节"，中央大学民主墙上，贴出了一份引人注目的海报，为从未闻其名的学术自由研究社举办的学术讲座，特聘董必武先生讲演《旧金山会议前我国应有的措施》，此讲座标题吸引了许多学生，前往听讲者达数百人，不料等了好久，始知该社故意造"愚人节"的笑料。1949年4月1日，重大校园内贴出短消息"上午十时在松林坡大礼堂举行西南经济问题座谈会，请陈约隐先生出席指导。"许多同学慕名前去，却跑了空路。中工校宿舍楼前贴有中工学生自治会放映电影《八千里路和云》的消息，还有与学生密切相关的好消息：贱价出卖饭票，八千元出让"袁大头"（前一天的市价为一万零五百元）……刚走出寝室的学生抬头就会发现这些纸条，许多同学昏头昏脑地深信不疑，结果跑冤枉路大呼晦气。在渝的盟军，对家乡的此种风俗特感兴趣，愚弄别人后，也开心地被愚弄。

每逢西方节日到来，"陪都"的校园和街市，都充满了异域情调，这座现代大都市流溢出浓浓的西方文化色彩。

陪都具有浓郁的都市情怀。影剧院、舞厅、音乐会、溜冰场、网球场、高尔夫球场、戏曲、茶馆、麻将、杂耍、朴鼻而来"的十里洋场气息令山城辞去，这些熟悉的传统娱乐

鸡尾酒会

美国的鸡尾酒会原本是几位好友在餐前的小叙,后来逐渐成为一种重要的社交活动,被广泛地用于上流社会和外交场合。家庭间的交际,也乐于采用鸡尾酒会的形式,这种和谐的气氛影响了商业圈,被其用来作为一种宣传和招徕生意的工具。鸡尾酒会,是一种花费不大,又可得到社交实惠,轻松和谐的交际形式。酒会大多是在晚餐前二三小时举行,它的好处是一切用不着拘于礼节,在那种场合可以谈笑风生,可以和朋友拉拉手,拍拍肩膀,亲密无间地谈话,不必摆出一副道貌岸然的绅士脸孔。到会的客人,若有事需先退席,只要向主人说明去意,就可以随时离去,不像其他宴会或约会必须得忍耐至席终而退。鸡尾酒会的举行重在交谊,可以酌量喝一点酒,但不必酩酊大醉使主人难为情,否则有碍鸡尾酒会那种特有的轻松和谐的气氛。来宾尽可选择喜欢吃的点心,但不必狼吞虎咽,以免有失斯文。总之,参加鸡尾酒会不像其他的宴会或约会,不必保持那种虚伪的矜持,但也不能毫无顾忌地放浪形骸。

在美法等国,鸡尾酒会流行得好像是家常便饭,而且多为商人所利用,大多染上了一层浓厚的功利色彩。"陪都"深受西方文化的影响,鸡尾酒会在此地也大行其道,被隆重地用于各种社交场合。"陪都"当局与军政要人的重要会晤,与文艺界、新闻界的见面会,与各国使节的联谊会,也常选择在大酒店或官邸举办鸡尾酒会,使气氛更和谐融洽,在轻松愉快中沟通相互的关系。这种官方式的鸡尾酒会,非常隆重,赴会者对此的态度也比较慎重,不像赴私人酒会那么随便。这种新鲜的方式和愉快的气氛吸引了"陪都"的摩登家庭,他们热衷于通过鸡尾酒会联络朋友间的感情。摩登主妇们在家里举行交际酒会,和朋友们愉快地交谈,用白兰地、威士忌、香槟、葡萄酒等混合在一起调制而成的鸡尾酒,代表真诚和热情。其间,兴致颇高的朋友插入一个歌舞节目,或说一个令人捧腹的笑话,使家庭酒会进入高潮。"陪都"一些规模较大的商店

交谊舞使酒会气氛进入高潮

"重庆谈判"期间，蒋介石用西方人的接待方式——鸡尾酒会欢迎毛泽东的到来

或制片公司，也纷纷借鸡尾酒会的方式，提高声誉。商店为庆祝周年庆典，特邀供货商及社会名流相聚鸡尾酒会，借此提高商店的社会影响力。制片公司，为庆祝新片的演出，举行鸡尾酒会，招待名流士绅和新闻界，利用这一机会，替影片作宣传。一个成功的酒会，能为商店、制片公司带来更多的效益。驻渝盟军曾在上清寺一带征用了许多洋房，这里经常可见通明的灯火，漂亮的彩带，他们以鸡尾酒会的方式交流情感，怀念故乡，浓浓的异国情调吸引着附近的市民。

1946年2月28日，马歇尔、周恩来与张治中在鸡尾酒会上举杯

1944年，华莱士副总统与蒋介石、宋美龄在欢迎酒会上举杯共饮

服饰·摩登潮

女装

20世纪初，中国在辛亥革命、五四运动的推动下进入到"现代文明"，它改变了国民的思维方式、生存观念，也激活了被束缚已久的服饰文化，迎来了令人惊叹的"旗袍时代"。旗袍，即旗人穿的袍子。最初的形态是阔肩、宽袖、裙摆密布皱褶，肩袖装饰的多少显示其富贵的身份。受西方现代文化影响，中国服饰领域引发了一场革命，旧式旗袍逐步被融入西方服饰元素的新式旗袍取代。新式旗袍吸取欧美服装讲求曲线美的优点，衣服与身体合二为一，并大胆地在旗袍下角开叉，尽显东方女性高贵典雅的气质。过去的宽袍长裙以及肩、袖、足的繁复装饰被取消了。这场服装革命使旗袍脱颖而出，成为中国女性的身份标签，成为时尚圈的重要主题。

"陪都"时期，内迁至渝的下江人，带来了靓丽的服饰和新潮的观念，使重庆成为一座追逐时尚的城市。1940年，"陪都"有大型绸缎庄30多户，服装店93家。阴丹布、印花绉、华尔绉、绸缎等各种面料，白色、花色、蓝色、红色、绿色等各种色彩的旗袍面料被展示在华丽的玻璃橱窗内，琳琅满目，爱美的重庆女人踱步其间，挑红选绿。旗袍领高，系盘扣，腰身紧束，裙长至脚踝，裙侧开叉至大腿，

穿漂亮旗袍的重庆女人

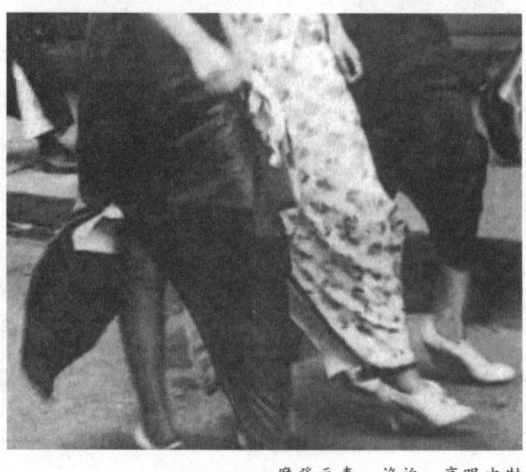

摩登元素：旗袍、高跟皮鞋

卷发、高跟皮鞋、西式大衣等摩登元素吹入"陪都"。图为1937年，重庆文艺界欢迎影人剧团，阳翰笙（左三），沈浮（左五），吴茵（左二），夏云瑚（右五），杨露茜（右二）等合影

既高贵又显出一丝女性的温柔。旗袍深受女性青睐，一年四季都是衣橱的主角，夏季穿单旗袍，款式有短袖旗袍、无袖旗袍，春秋季穿夹旗袍，冬季则穿棉旗袍。女人们穿着量身订做的旗袍走在大街小巷，形成一道道美丽的风景，来来往往的路人无不回头欣赏。住在重庆的各国使节及美国盟军也被高雅的东方气质所征服，回国前，他们纷纷光顾旗袍店，将中国旗袍作为他们带给远方妻子或情人的珍贵礼物。

中国旗袍征服了西方人，西洋服饰也吸引了中国人的眼球，"海派"设计师在对欧风作了一次深呼吸后，将旗袍、洋装、高跟皮鞋等流行元素完美地融合为一体。被誉为"小上海"的"陪都"重庆，站在了全国流行服饰的前沿，随处可看到经典的服饰组合——在典雅的旗袍外披上貂毛披肩，使女人的高贵身份展露无余；旗袍加垫高肩膀的西式大衣，传统的"美人肩"被平

重庆女性的"出格"举动：穿西装、打领带、戴鸭舌帽。她试图追求男女平等的权利

江津华华公司的绸缎庄是"陪都"规模最大的绸缎庄

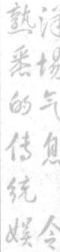

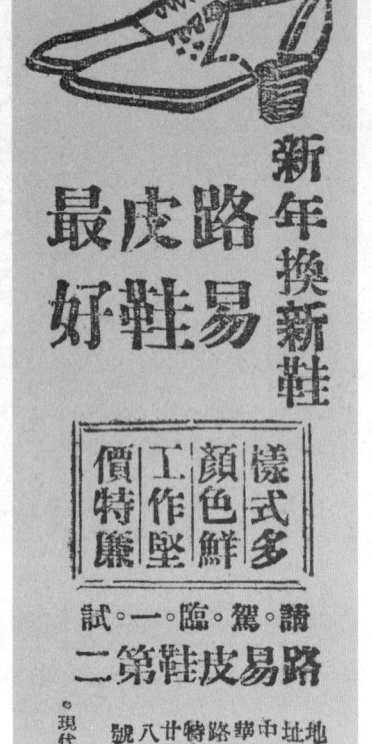

浅色的菱形花纹旗袍，透出端庄、典雅的气质。图为周恩来、邓颖超在重庆的合影

精巧的高跟皮鞋倍受摩登女人的青睐。
图为路易皮鞋广告

坦高耸的"英雄肩"取代，透出健美的英姿；枣红的短绒衣或织入麻花绞的长绒衣与旗袍搭配，增添一分秀丽和温柔；手皮包、西式长筒丝袜、高跟皮鞋也随之加入中西合璧的服饰潮流，使女人尽显窈窕风姿。1947年的海派春装在重庆风靡一时，太太小姐们穿着雨衣肩、西装领、短仅齐膝，袖大腰肥的米色新装更添春之诱惑。

在西方文化的影响下，"陪都"的青年学生思想非常开放，甚至有一些

1946年，香港霞飞服装公司广告

20世纪初的时髦服装

"出格"的举动。夏季，一些大胆追逐时尚的青年女子，穿花绸短袖配男人的西装长裤，有的甚至前卫地穿上西装短裤，冬季则以西装或短大衣配西裤，她们试图颠覆陈旧的服饰观念，表达对传统的叛逆，追求男女平等的权利。1945年冬季，在重庆女大学生中流行一种奇异的时装，即在旗袍之外，穿大兵的上装，她们通过服饰表达对和平的渴望，对抗战军人的景仰，证实新女性的社会作用。这群女大学生的"出格"装束使抗战胜利的喜悦在冬季继续升温，使寒冷的山城沸腾。

因抗战而迁渝的张恨水，用文字记载了七年的旅渝生涯，把我们带入了大后方的场景，细细品味曾经的摩登城市，款款走来的"袁三小姐穿着后方流行的翠绿色白

街头的流行——旗袍

点子雪花呢长旗袍，外套一件浅灰法蓝绒大衣，头发前面梳个螺旋堆，后面则梳着六七条云丝纽"。

"温二奶奶穿一身宝蓝海鹅绒旗袍，梳着横爱丝髻，头发弄得溜光，额角边斜插珍珠压发，更显光彩射人。"……沉浸在对老重庆的浮想联翩中，久久回味粉墨登场者的风姿。战时重庆女人的高雅气质、时髦装束令吾辈惊叹不已。谁说山城被灰色笼罩？经历痛苦的山城，在哭泣之后，有缤纷的色彩点缀灰色的街市，使山城显出一分俏皮，一分妩媚。斑斓的潮流冲击飞扬的硝烟，使山城显出一分自信，一分坚毅。

摩登女郎在制衣店挑红选绿

朴素大方的学生装束

老风尚

陪都具有浓郁的都市情怀。影剧院、舞厅、音乐会、溜冰场、网球场、高尔夫球场、"朴鼻而来"的十里洋场气息令陶醉戏曲、茶馆、麻将、杂耍……这些熟悉的传统娱乐

陪都具有浓郁的都市情怀。影剧院、舞厅、音乐会、溜冰场、陶辞球场、高尔夫球场……朴鼻而来的十里洋场气息令山城市民熟悉的传统娱乐戏曲、茶馆、麻将、杂耍……

浅色短衫、玄色长裙和发辫是当年少女的一种时尚

短衫上衣配工装裤，使女性显得更精干。图为1940年，妇女战时工作团深入民间，作抗战宣传

重庆女大学生的装束显得摩登、时尚。图为1937年秋，五位流亡女生在重庆大学民主湖合影

老风尚

经历苦难的山城，有缤纷的色彩点缀灰色的街市

绸缎庄门庭若市

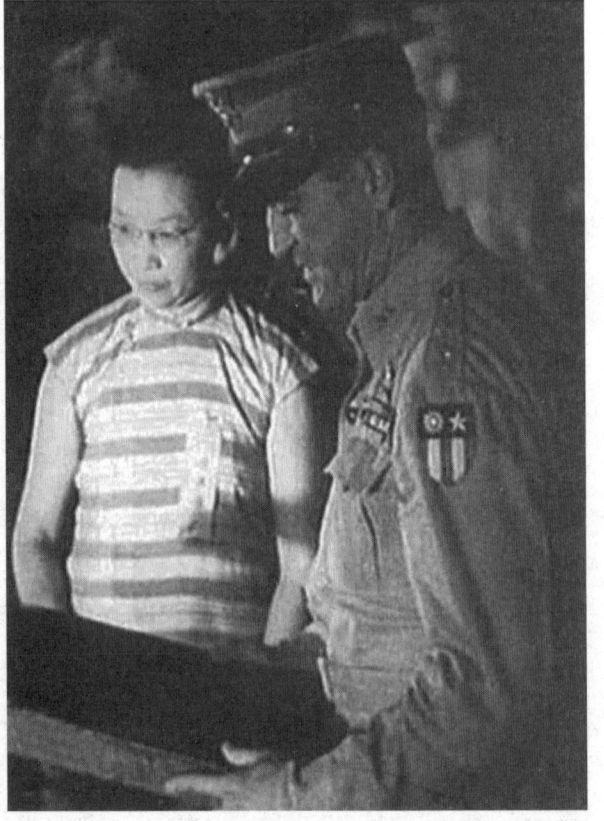

横条纹旗袍。图为"陪都"市民欢送唐纳德将军

老风尚

陪都具有浓郁的都市情怀。影剧院、舞厅、音乐会、溜冰场、网球场、高尔夫球场……"扑鼻而来"的十里洋场气息；陶醉戏曲、茶馆、麻将、杂耍……这些熟悉的传统娱乐

126

穿碎花旗袍、浅色羊毛开衫的宋庆龄更显高贵典雅。图为1944年，宋庆龄在重庆会见史迪威将军

在外交场合，身穿中国旗袍，更显东方女性的高雅气质。图为1938年，重庆妇女界招待世界妇女反战委员会代表何尔登夫人

旗袍成为时尚圈的焦点，图为宋氏三姐妹视察防空洞

海外归国人士带来了西方的时尚服饰。图为1940年5月，著名作家林语堂先生偕妻女从美国返回祖国来到重庆

时髦的重庆电话局女接线员

漂亮的旗袍配精致的小洋装，显得华丽、高雅，透出脱俗的气质。图为1942年3月，蒋介石、宋美龄在重庆与盟军中国战区参谋长史迪威将军会晤

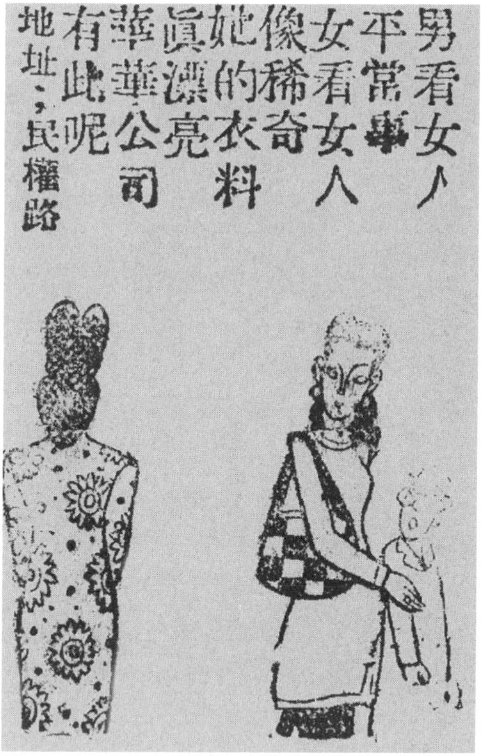

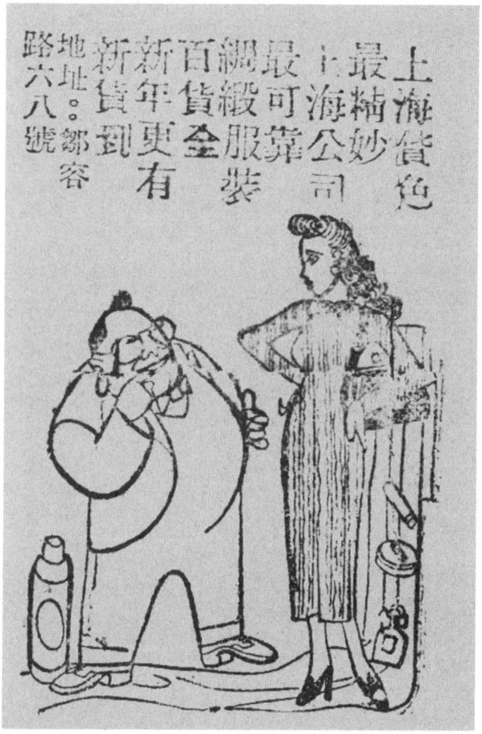

陪都具有浓郁的都市情怀。影剧院、舞厅、音乐会、溜冰场、高尔夫球场、十里洋场气息的这些熟悉的传统娱乐陶醉、戏曲、茶馆、麻将、杂耍……朴鼻而来的

老风尚

图1

男看女人
平常事
女看女人
像稀奇
真漂亮的衣料
华华公司
有此呢
地址：民权路

图2

路真家垭口
老戴春林中山
蓉霜
更爱香腻白
蛋粉
小姐最赞鹅
绣房
粉香脂气满
在忙
重庆小姐又

图3

上海货色
最精妙
网缎服装
百货全
最可靠
新年更有
新货到
上海公司
地址：邹容路六八号

图4

新生市场第三弄
◆金银行◆
营业
不管君瘦或
助美
金浆诿带能
漂亮
领带数你最
老兄真是过
年样

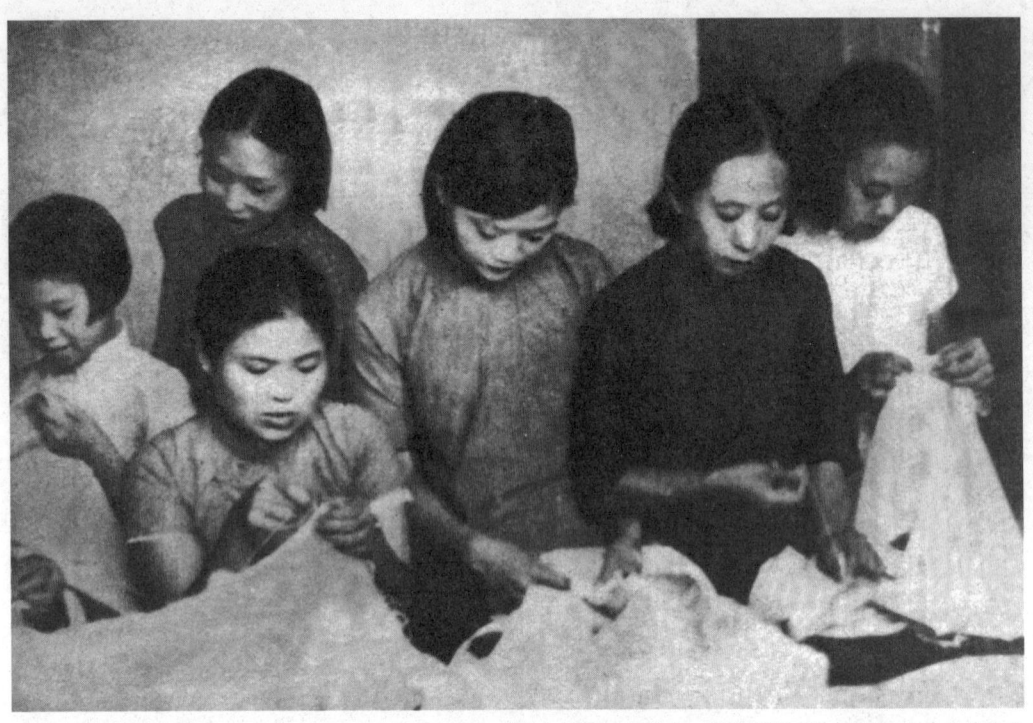

传统女性更偏爱旗袍。图为1939年，重庆妇女为伤兵缝衣

图6　　　　　　　　　　　　　　　　　图5

"陪都"的时尚潮流（图1～6）

老风尚

陪都具有浓郁的都市情怀，影剧院、舞厅音乐全、网球场、高尔夫球场、溜冰场、陶醉戏曲、茶馆麻将、杂耍……这些熟悉的传统娱乐

130

陪都具有浓郁的都市情怀。影剧院、舞厅、音乐会、溜冰场、高尔夫球场、球场、戏曲、茶馆、麻将、杂耍……扑鼻而来的十里洋场气息，这苍熟悉的陌说娱乐

风衣是当年最流行的春装。图为1949年3月8日，"陪都"三八妇女节大会主席台上宋美龄与外宾交谈

老风尚

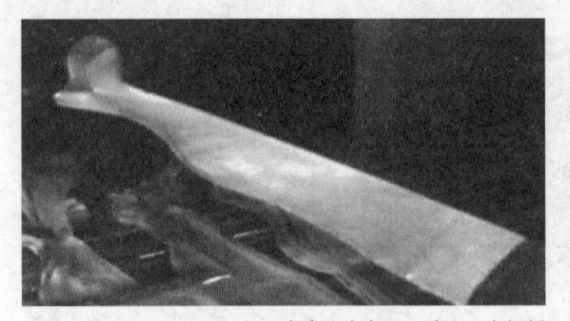

玻璃丝袜为女人增添一分妩媚  　　"陪都"的时尚女性们经常结伴外出郊游

在夏季，身着合身短袖旗袍的女人显得温柔典雅，其身旁着童裙的小女孩，给生活带来了欢乐与幸福。图为1940年，家庭女教师与学生在文峰塔下的合影

1921年重庆二中的部分女同学在剪发运动中剪短发，着短装

老风尚

陪都具有浓郁的都市情调："网球场、高尔夫球场、跳舞场气息浓重的合会、音乐厅、话剧院、十里洋场"朴鼻而来"的陶醉、戏曲、茶馆、麻将、杂耍……这些熟悉的传统娱乐

132

陪都具有浓郁的都市情怀。影剧院、舞厅、音乐会、溜冰场、弹子房、高尔夫球场、十里洋场气息令市陶醉。戏曲、茶馆、麻将、杂耍……"朴素而来"的这些熟悉的传统娱乐

色彩斑斓的旗袍

1948年，宋美龄戴着洋式的大帽子，在南京款待女性国民大会代表

引领"陪都"时尚潮流的宋美龄。图为1940年，宋美龄在重庆妇女干部训练班毕业典礼上的讲话

老风尚

躲在香扇后面的娇美女人

身着旗袍的优雅女人成为街上的一道风景

老风尚

陪都具有浓郁的都市情怀，影剧院、舞厅、音乐会、溜冰场、网球场、高尔夫球场……"朴鼻而来"的十里浮场气息，陶醉、戏曲、茶馆、麻将、杂耍……这些熟悉的传统娱乐

134

陪都都具有浓郁的都市情怀。影剧院、舞厅、音乐会、溜冰场、网球场、高尔夫球场、十里洋场气息令人"扑鼻而来"的这些熟悉的传统娱乐场、戏曲、茶馆、床将、杂耍……

鲜艳夺目的碎花旗袍。图为宋美龄与宋霭龄合影

宋氏三姐妹在重庆街头举办的时装秀，重庆市民好奇地观看头戴大礼帽表现新生活运动时装的宋家姐妹。自左至右分别为宋霭龄、宋美龄、宋庆龄

老风尚

男装

　　20世纪三四十年代的老重庆，男装以中西结合为时尚，长衫马褂与西装革履并存。受传统文化影响的男人喜欢将长衫与西服裤、礼帽、皮鞋组合成一套时髦服饰，既保持儒雅与稳重的魅力，不失传统的民族韵味，又显精干气派，与时尚为伍。中山装是西式服装与中式服装的结合，是传统与时代的完美融合，虽然其领部保留了传统服装的痕迹，但衣、袖长度缩短，斜盘扣改为对襟纽扣，显得更挺拔、潇洒。中山装的问世，体现时代的革命潮流，带有浓厚的革命者气质。20世纪40年代，中山装成为接受进步思想的学生们最受青睐的装束，在沙坪坝的重庆大学、中央大学，以及北碚的复旦大学校园内，随处可见灰呢布中山装、青呢中山装、芝麻呢中山装……被中山装覆盖的校园，透出浓浓的革命气息。在以后的半个世纪里，中山装独占中国男装领域，成为中国男人身份的标志。

款式新颖的毛衣深得"陪都"市民青睐。图为郭沫若在重庆天官府公寓

　　在"陪都"重庆，欧美流行服装成为时尚的代名词，男装世界也丰富多彩。1946年，美国著名品牌ATOW衬衫，还未运抵重庆，已有洋行开始预售，各

旗袍、长衫、中山装是中国人身份的标志。图为1939年，重庆及江巴各界开会纪念民族复兴节

136

西装革履中能嗅出浓浓的欧美气息。图为1940年3月26日，陈嘉庚（中）率华侨慰劳团抵渝，与重庆欢迎团合影

穿长衫的茅盾透出文人的儒雅气质。图为1945年茅盾50寿辰聚会，茅盾夫妇入场的情景

大公司及百货商订购者颇多，欧美服装在重庆的俏销态势，可从中窥见一斑。1947年，男士西装流行咖啡色，领带、围巾的色彩则比较鲜艳，男人们还爱用女人的花旗袍料制夏威夷衬衫，模糊性别界限，夏威夷衬衫配阔边草帽，更显英俊潇洒。1948年，重庆流行服饰专家应时势之需，为追逐时髦的工薪阶层市民设计了几款既时尚又经济的夏装：首先登场的是夏威夷衬衫配短裤、白皮鞋，这是最普通的一种夏装，大多年轻人可穿这种服装，夏威夷衬衫是用美国灯心布或麻胶布制的，西短裤则以白色及灰色为最佳，白帆布的短裤，以质料细的为上品，白哔叽面料更好。紧随其后的是潇洒的麻胶布西装，比较节俭的朋友可选择这类西服，其质地坚牢，耐穿耐洗，适合普通公务员及一般薪水阶层。最后亮相的是两用衬衫及长咔叽裤，市面上流行的两用衬衫适用于春夏两季，春季可穿在西装里打领结，夏天可以大翻领当香港衫，用美国防雨布制成的咔叽长裤最耐穿，丝光卡面料次之，这种夏装效果特佳，既大方时尚，又显得很有品位。

　　张恨水笔下的摩登人物让我们尽情领略缤纷的世界，欣赏阳光的魅力，感叹十里洋场的派头："刘副官上身穿了件蓝绸短袖衬衫。下装配黄色咔叽短裤，脚穿紫色皮鞋，头上盖着巴斗式遮阳帽，手里拿了根乌漆刻字手杖。"这是重庆夏季最摩登的男装。"徐老板穿着一套挺拔的派力司米色西服，胸前飘着白底红花的漂亮领带。""戴眼镜，穿厚呢大衣，领子上露出围着脖子的白绸巾。"带有几分上海滩的味道……老重庆永远不停地追逐时尚，呼吸新鲜的气息，包容新奇的舶来品，永远充满活力。

在男装领域，中山装与西装频频亮相。图为周恩来、郭沫若、阳翰笙合影

接受新思想的年轻人西装革履，风度翩翩。图为抗战时生活在重庆的诗人们（前排右起臧克家、王亚平，后排右起柳倩、臧云远、力扬）

漫画家丁聪笔下的谢添

"陪都"演艺圈明星——谢添，一身"海派"服饰的打扮，显得英俊潇洒

以今日的眼光看，这身西装配短裤、长及膝的棉袜显得另类，但当年却是夏季男人们最摩登的装束

双排扣呢大衣、长风衣是男人的冬季流行款。图为1949年2月27日，暹罗访华团抵渝，与欢迎者合影

老风尚

图为"重庆谈判"期间，身穿中山装的毛泽东与援华美军飞行员合影

陪都具有浓郁的都市情怀，"影剧院、舞厅、音乐会、溜冰场、网球场、高尔夫球场"、朴鼻而来的"十里洋场气息令、陶醉、戏曲、茶馆、麻将、杂耍……"这些熟悉的传统娱乐

长衫、西裤、皮鞋组合成一套时髦装束，显出儒雅稳重

透出革命气息的中山装

杨闇公和他妻子的着装代表了当时的流行服装

居都具有浓郁的都市情怀。影剧院、舞厅、音乐会、溜冰场、朴鼻而来的十里洋场气息令市陶醉。球场、高尔夫球场、茶馆、床将、杂耍戏曲⋯⋯这些熟悉的传统娱乐

老风尚

双排扣呢子大衣（图为周恩来、叶剑英、郭沫若等合影）

礼帽与文明人

长衫与皮鞋，中式与西式（右为《大公报》主编王芸生）

老风尚

陪都具有浓郁的都市情怀。影剧院、舞厅、音乐会、溜冰场、网球场、高尔夫球场……，朴鼻而来的"十里洋场气息"令陶醉。戏曲、茶馆、麻将、杂耍……这些熟悉的传统娱乐

142

陪都具有浓郁的都市情怀。影剧院、舞厅、音乐会、溜冰场、陶瓷场、高尔夫球场、朴素而来的"十里洋场气息令"这些熟悉的传统娱乐辞戏曲、茶馆、麻将、杂耍……

西洋服饰刺激着"陪都"服装领域（图为美国记者佩克在重庆街头寻找"焦点"）

长衫、中山装、洋装共存，成为那个时代的服饰特征（中为周恩来）

老风尚

西装革履的重庆文艺界人士。图为郭沫若（后排左三）、夏衍（后排右三）、舒绣文（后排右五）等人合影

20世纪20年代的青年服饰

陪都具有浓郁的都市情怀。影剧院、舞厅、音乐会、溜冰场、网球场、高尔夫球场……"扑鼻而来"的十里洋场气息令人陶醉。戏曲、茶馆、麻将、杂耍……这些熟悉的传统娱乐

手杖

在山城，人们天天爬坡上坎，走崎岖不平的路。雨季道路泥泞，小径几乎难以行走，但赶公共汽车更难等，坐黄包车又太贵，人们只好持杖安步当车。如此一来，手杖在山城十分畅销，人们充分领略了手杖的妙用。手杖对于年老者、爬坡者来说，是很好的健步工具，但在达官贵人眼中，手杖却是供欣赏玩味的装饰品，因为他们已有了现代机器作代步工具。身份地位的悬殊造成手杖效用的巨大反差，折射出"陪都"重庆的时代特征。

在上流社会，男人之有手杖如女人有手提包，手杖是"配盘"的装饰品，持手杖是男人身份和地位的象征，因此在上流社会盛行一时，山城几乎成了"手杖国"。"百杖帮主"、"手杖大王"纷纷在重庆开办手杖展览会，采办了许多名山佳杖，加以人工雕饰，一根手杖标价居然要公务员几个月的薪金。展出手杖的种类繁多，以质料来说，有竹、木、藤、铁、轻金属五种，这些手杖的形态"五光十色，洋洋大观"，有的圆头，有的曲颈，有的苍劲如虬龙、有的织柔如弱女，有的漆木蜡光，滑腻润泽，以精致取胜，有的刁钻古怪，凸显英雄本色，以不经出奇，有的杖首装置为可以启合的钱夹，以人物的头像作装饰，有的在杖身打通一道兼作喷云吐雾的烟杆，或者在杖腹中暗藏一把锋利的匕首。杖身外表面，有以耀眼之物镶嵌各种花纹，有以小刀雕刻花鸟虫鱼铭文故事，其变化之复杂，有如人的面孔。玩手杖者大多是都市中的上流人。虽然手杖并不是中国的国粹，但其在中国的土地上蕴涵着深厚的文化积淀。追溯到汉代的"鸠杖"，可知"杖"史久远，古人亦有"策杖看云"之说。

持手杖的文人雅士

宽边草帽、礼帽、鸭舌帽及手杖让我们领略当年的流行趋势。图为1946年秋，蒋介石、宋美龄等在小径边休憩，右穿长衫者为蒋经国

手杖是上层社会的身份象征。图为美国副总统华莱士访渝

老风尚

陪都具有浓郁的都市情怀。影剧院、舞厅、音乐会、溜冰场、网球场、高尔夫球场……朴鼻而来的"十里洋场"气息，陶醉、戏曲、茶馆、麻将、杂耍……这些熟悉的传统娱乐

146

发型

"身体发肤，受之父母"，在传统观念的影响下，国人从不随意剪掉头发，否则会背负耻辱之名。中国女性从来都以发髻为美，乌黑的头发，刨花水擦得光光滑滑，横髻、直髻、左右髻虽不能引起新鲜感，却透出中国女性特有的端庄气质。发辫的编结，费尽工夫，使女人显得更加妩媚动人。

辛亥革命后，受进步思想影响的青年学生，是传统的叛逆者，她们毅然将头发剪短，不加装饰，顺其自然，显得朴实、稳重，令老儒们大跌眼镜，饱受惊吓。从此，头发成为引人注目的焦点，青年学生集体剪发的叛逆行为被世人称做"从头开始的革命"。

"陪都"时期，女人们喜欢摩登，她们把头发弄成各种奇怪的式样，将"从头开始的革命"进行到底。懂艺术的年轻女子，自创"飞机头"，头发前翘而徐徐向后低降，远望如飞机，让饱受轰炸之苦的重庆人深感紧张，其调侃的姿态令人忍俊不禁。追逐时髦的青年女子，能适应时势，迎合潮流，她们的发型变化无常，今天用铁夹或火钳弄成卷发，明天又改弦易辙造就两条小辫子。上午左边生一个小圈，下午头顶突起一个旋涡。她们将头发梳成流线型，额前突起，有时如鸭尾股，有时如狮子狗，有时好像吊着一排黑枣，千变万化，难以捉摸。受过洋气洗礼的太太小姐们，其发型系正宗的欧派风格，她们经常出入高档的上海白玫瑰理发厅、巴黎理发厅，那里有欧美进口的电烫设备，有舒适的软椅，来自港沪的发型专家为她们精心设计最摩登的卷发，或如海浪，或如山峦……有时太太小姐们也心血来潮，把头发染成黄色，感受纯粹的西洋味道。

20世纪40年代，爱追风的时尚女子以仿效外国女人的曲卷烫发为美，烫

中国传统发型

从西方吹入的卷发风潮

发不仅在大都市盛行，在小城镇和乡村也同样风靡。她们在理发师的妙手下，把长长的乌丝剪短，头上密布卷发的夹子，吊在电烫机上，把头发烫成各种奇怪的式样，有的烫大花，有的烫小花，发尾有的烫成小圆卷，有的像披着几根油条，种类繁多，令人眼花缭乱。发烫好后，还需理发师精心做花，飞机头、香蕉头等尤为盛行。"陪都"时期，女人卷发相当普遍，各大商店均有卷发夹出售，时尚女性可以在家随心所欲地卷出各种时尚发型。

"陪都"重庆的一大特点是信息传输渠道非常通畅，时尚类信息也不例外。1947年，南国小姐风行的头发结网刚流行不到一个月，已传遍内地重庆，时尚女人们趋之若鹜。喜欢摩登的太太小姐们集体总动员，纷纷在波形秀发上套一个发网，即以纱线编织而成的疏孔小网，罩于秀发后半截间。所罩之发网，大多为当时最流行的浅绿色、水红色，发网顶部另以丝带缀白色的"蝴蝶结"，使人显得青春、活泼。战时重庆妇女的"头发秀"并不亚于"时装秀"，这场"从头开始的革命"使妇女焕然一新，一变而为摩登的现代女郎。

受摩登女郎青睐的卷发

1946年，上海白玫瑰理发厅广告

陪都具有浓郁的都市情怀。影剧院、舞厅、音乐会、溜冰场、高尔夫球场、网球场、棒球场……"十里洋场"气息令市民辞旧迎新。戏曲、茶馆、麻将、杂耍……这些熟悉的传统娱乐

1947年，重庆最流行的发型

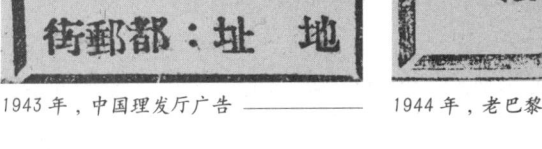

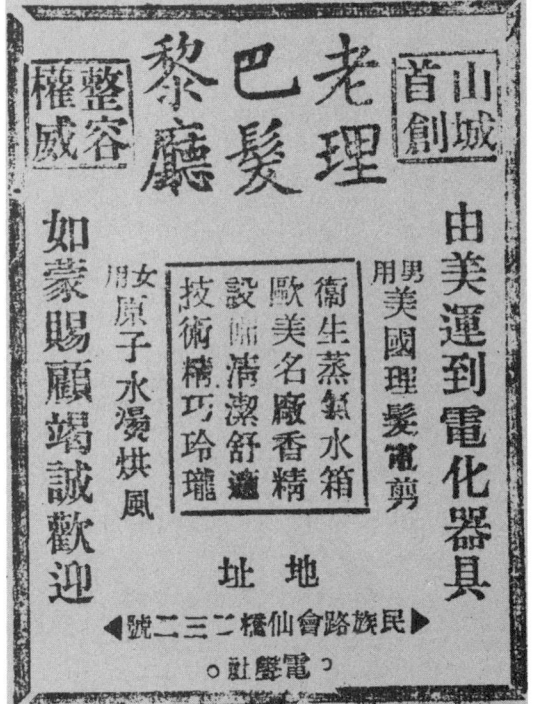

1943年，中国理发厅广告

1944年，老巴黎理发厅广告

老风尚

时髦女性看电影

"飞机头"、"香蕉头"……各种款式新颖的卷发令我们目不暇接

老风尚

陪都具有浓郁的都市情怀,影剧院、舞厅、音乐会、网球场、高尔夫球场……朴鼻而来的"十里洋场气息",糅合着陶醉、戏曲、茶馆、麻将、杂耍……这些熟悉的传统娱乐

150

剪短发——"从头开始的革命"

梳齐耳短发的女参议员候选人显得更干练。图为1946年，重庆参议员普选，人们在观看女候选人的竞选广告

短发在青年学生中流行甚广

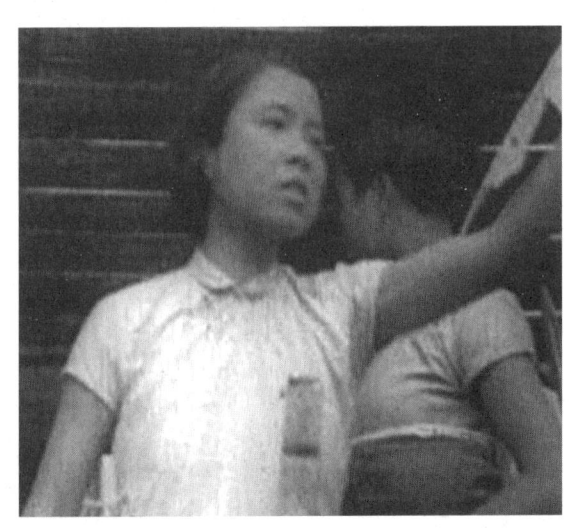

"短发革命"

饰品

炎热的夏季，山城的太太小姐们喜欢戴上漂亮时尚的太阳眼镜，既可遮避刺眼的阳光，又显摩登靓丽。一副普通的太阳眼镜并不贵，其带来的神秘感让追赶时尚的年轻人颇为心动，是否拥有太阳眼镜也因此成为年轻人衡量摩登的标准之一。昂贵的AO太阳眼镜，被列为眼镜贵族，能有效遮挡紫外线和红外线，款式独特新颖，颇受贵妇人的青睐，在上流社会盛极一时。

马其顿的国王腓列士因游猎受伤，在颈部用一条美丽的彩带裹伤，大臣们误

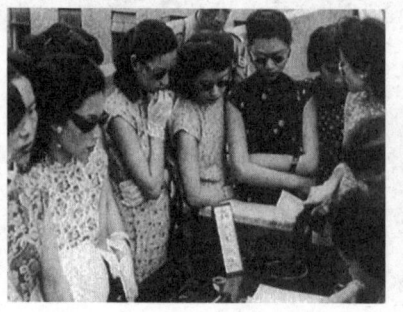

身穿做工考究的绸缎料旗袍，配以精美的领花，头发经理发师精心制作而成的时髦卷发，重庆女人的精致令人称奇。图为抗战时期，重庆图书馆职员为抗战积极捐献

时尚的太阳眼镜为女性增添一丝神秘感

认为是国王心爱的装饰，纷纷仿效，从此，领带成为男人服饰特有的装饰品。当这个美丽的传说随着领带一同踏上山城的土地时，人们惊异地发现，男人也有璀璨的世界，配上领带或领结的西装，在阳光下显得更加耀眼夺目，魅力十足。于是，不论青年、中年或老年，他们都会为自己的西服精心挑选漂亮悦目的领带，"领带"也一度成为"陪都"时尚圈的兴奋点。

作为舶来品的围巾，既能保暖，又为服装增添了亮丽的色泽，在山城掀起了一股彩色风暴。秋冬季节，"陪都"女人喜欢在暗淡的旗袍、大衣外配上一条鲜艳的围巾，既标榜时髦，又显出一分俏丽。女人的美丽与温柔从颈项轻轻滑出，令人陶醉。此时，不甘示弱的男人们，也显出他们对服饰的独特品位，放置在百货商场精美橱窗内的方

戴考克帽的毛泽东（上图、下图）

格围巾吸引了他们的眼球，追逐时尚的男人们将国际流行款式自豪地佩戴在胸前，阳光下的他们显得更自信，更潇洒。

在摩登的"陪都"女人眼中，细小的装饰品不容忽视，画龙点睛，它是服装的灵魂和生命。穿旗袍的女人，喜欢用绸缎制作精美的领花，或似梅花，或似月牙……镶嵌于衣领上，更显东方女性高贵、典雅的气质。受"海派"服饰的影响，职业女性或贵妇人常在胸前别一枚精巧的胸针，透出女性的精致。宝石耳环、珍珠项链、钻石戒指深受贵妇人的宠爱，她们将这种珠光宝气视为高

毛泽东戴的考克帽并不比美国大使的礼帽逊色。图为1945年8月28日，毛泽东乘飞机赴重庆参加"重庆谈判"，美国大使和国民党代表到机场迎接

贵身份的象征，在社交场合争相炫耀。1941年春，海明威偕夫人访华，孔祥熙、宋霭龄夫妇设宴于上清寺官邸。宋霭龄身穿黑天鹅绒旗袍，从衣领到下摆的纽扣，全是用钻石镶嵌的，闪闪发光，格外夺目，虽然炫耀了她显赫的身份，高贵的地位，但其奢靡和张扬却令海明威夫妇鄙夷反感。

各款令人眼花缭乱的"国际流行色"：太阳眼镜、领带、领结、围巾、领花、胸针、耳环、项链、戒指等饰品齐拥而至，提升了这座内地城市的服饰品位，使服装更显摩登和时尚，老重庆也由此获得了"小上海"的雅号。

宋美龄身穿风衣，佩戴当年最流行的宽边时装帽，蒋介石则以长衫配礼帽。这副休闲、随意的打扮，曾引领当年国内的服饰潮流。图为1938年，身着便服的蒋介石与宋美龄

154

红配黑是经典的色彩组合,五粒梅花形大盘扣点缀黑呢大衣,衬托其高贵的气质,紫色羊皮手套,更显露出宋美龄独特的服饰品位。蒋介石持手杖,戴礼帽,其尊贵的社会地位一望即知。此照片摄于1939年

条纹西装配斜纹领带,使男人更加风度翩翩。图为1939年10月,邹韬奋和夫人沈粹缜出席纪念鲁迅逝世三周年的集会

旗袍、领花、宝石耳环及高跟皮鞋,是时尚女性的标志。图为1939年,蒋介石、宋美龄对弈,一派怡然自得的神情

宋美龄头戴从美国带回来的宽边时装草帽,流露出浓浓的异国情调。图为1944年,蒋介石与宋美龄乘美军吉普车

宋美龄佩戴的胸花像一只展翅的飞雁,发出奇异的光彩。图为1939年,蒋介石与宋美龄

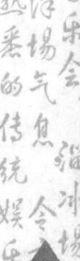

重庆时尚圈的兴奋点——领带。图为1946年，老舍、茅盾、余立群合影

盟国友人与其发饰艺术

宽边草帽的流行风从美国吹入山城。（采自蒋浣心的漫画作品《重庆随笔》）

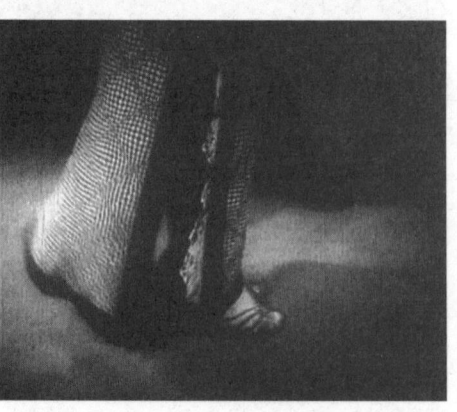

针织毛衣上精致的钩花，与手腕上漂亮的蝴蝶结呼应；洋气的卷发与时髦的小坤包搭配，此种装扮以今天的眼光看，也属非常经典的搭配，足见当年时尚女性的超前意识。此照片摄于1947年

身着旗袍，舞厅漫步

老风尚

陪都具有浓郁的都市情怀……影剧院、舞厅、音乐会、溜冰场、网球场、高尔夫球场、十里洋场气息浓朴鼻而来的陶醉、戏曲、茶馆、麻将、杂耍……这些熟悉的传统娱乐